不可或缺的人造物品

产品

王子安 ◎ 主编

汕头大学出版社

图书在版编目（CIP）数据

不可或缺的人造生活——产品 / 王子安主编. -- 汕头：汕头大学出版社，2012.5（2024.1重印）
ISBN 978-7-5658-0769-5

Ⅰ. ①不… Ⅱ. ①王… Ⅲ. ①产品－通俗读物 Ⅳ. ①F014.1-49

中国版本图书馆CIP数据核字(2012)第096724号

不可或缺的人造生活——产品

主　　编：王子安
责任编辑：胡开祥
责任技编：黄东生
封面设计：君阅天下
出版发行：汕头大学出版社
　　　　　广东省汕头市汕头大学内　邮编：515063
电　　话：0754-82904613
印　　刷：三河市嵩川印刷有限公司
开　　本：710 mm×1000 mm　1/16
印　　张：16
字　　数：90千字
版　　次：2012年5月第1版
印　　次：2024年1月第2次印刷
定　　价：69.00元
ISBN 978-7-5658-0769-5

版权所有，翻版必究
如发现印装质量问题，请与承印厂联系退换

前 言

浩瀚的宇宙,神秘的地球,以及那些目前为止人类尚不足以弄明白的事物总是像磁铁般地吸引着有着强烈好奇心的人们。无论是年少的还是年长的,人们总是去不断的学习,为的是能更好地了解我们周围的各种事物。身为二十一世纪新一代的青年,我们有责任也更有义务去学习、了解、研究我们所处的环境,这对青少年读者的学习和生活都有着很大的益处。这不仅可以丰富青少年读者的知识结构,而且还可以拓宽青少年读者的眼界。

世间万物,不仅有自然天生的,而且有人工创造的。作为一种善于创造的高级动物——人类,自从其进化为人之时,它就开始不断地创造着各种生活必需品和生产必需资料。可以说,人类社会所需的衣食住行都能称之为产品。因而,人类社会的日常工作与日常生活,其实是由产品构成的。也就是说,人虽然是自然之子,但其现实生活却是活脱脱的产品的人造的生活。本书主要分为五个部分,分别为:人类的日常用品、卧榻之宝——家具、现代家电、传播知识的办公学习用品、机械产品,为读者详细讲述了这些产品的来历与用途。从而扩大青少年读者的知识容量,提高青少年的知识层面,丰富读者的知识结构。

综上所述,《不可或缺的人造生活——产品》一书记载了与人类生活息息相关的产品知识中最精彩的部分,从实际出发,根据读者的阅读要求与阅读口味,为读者呈现最有可读性兼趣味性的内容,让读者更加方便地了解历史万物,从而扩大青少年读者的知识容量,提高青少年的知识层面,丰富读者的知识结构,引发读者对万物产生新思想、新概念,从而对世界万物有更加深入的认识。

此外,本书为了迎合广大青少年读者的阅读兴趣,还配有相应的图文解说与介绍,再加上简约、独具一格的版式设计,以及多元素色彩的内容编排,使本书的内容更加生动化、更有吸引力,使本来生趣盎然的知识内容变得更加新鲜亮丽,从而提高了读者在阅读时的感官效果,使读者零距离感受世界万物的深奥、亲身触摸社会历史的奥秘。在阅读本书的同时,青少年读者还可以轻松享受书中内容带来的愉悦,提升读者对万物的审美感,使读者更加热爱自然万物。

尽管本书在制作过程中力求精益求精,但是由于编者水平与时间的有限、仓促,使得本书难免会存在一些不足之处,敬请广大青少年读者予以见谅,并给予批评。希望本书能够成为广大青少年读者成长的良师益友,并使青少年读者的思想得到一定程度上的升华。

2012年7月

目　录
contents

第一章　话说人类的日常用品

中国的五谷杂粮…………………3	膨化食品……………………46
日常的调味品……………………7	肉类食品……………………50
烟酒茶糖类食品………………26	蛋类食品……………………64
休闲食品………………………39	服装类用品…………………67

第二章　用途广泛的家具

家具概述………………………79	方便休憩的坐具家具………107
中国古代家具简史……………85	中华本色的椅子……………110
家具的材料、结构、外观和功能 98	安眠入睡的床类家具………111
藏衣储物的柜类家具………101	储藏物品的箱架类家具……114
摆物聚餐的桌类家具………103	秀美神韵的屏风……………118
风度文雅的茶几家具………105	塑造空间的隔断……………121

第三章　现代家电

家用电器简述	125	浓缩影像的DVD	144
话说黑色家电	127	冷藏食品的电冰箱	147
说说白色家电	130	清衣的洗衣机	149
谈谈绿色家电	133	电磁炉的来历	153
迅捷的米色家电	135	钟表的来历	155
娱乐耳朵的音响	138	手机的来历	160
中国人发明的VCD	141		

第四章　传播知识的办公学习用品

笔类文具的来历	167	纸张的来历	183
橡皮的来历	170	墨汁的来历	188
修正液的来历	172	砚的来历	191
粉笔的来历	175	复印机的来历	199
尺子与圆规的来历	177	打字机的来历	202
绘图板的来历	180	电话机的来历	205
文具盒的来历	181	传真机的来历	208

第五章　生产利器——机械产品

农业机械产品	215	造纸机械产品	239
矿山机械产品	223	包装机械产品	241
工程机械产品	225	基础机械产品	245
电工机械产品	234	环保机械产品	247
锻压机械产品	237	谈谈仪器仪表	248

第一章 话说人类的日常用品

不可或缺的人造生活——产

　　衣食住行是人类生存的重要日常物资，其中衣物不仅可以御寒，一方面有着遮挡人类的浓密体毛、遮羞的功能，另一方面衣物还可以起着分辨人的社会身份、塑造人的外在形象、气质等作用。而食物（药物在一定意义上也属于食品，特别是对于一贯主张"药食同源"的中国而言。只不过，药物在功能上与单纯的食物有所不同而已）则是人类生存的基本物资，维持着人体的能量需求。住房则是人类的寄身之所。与其他生物种群相比，人类既无利爪又无飞行功能，可以说与其他生物尤其是野兽相比较而言，缺乏基本的自我保护能力。所以建筑起牢固的寄身之所——房屋，不仅可以遮避风雨，更可躲避野兽，从而使房屋成为人类的生存之盾。后来房屋逐步发展成为皇权、财富、生活质量的象征物，以至于"居者有其屋"在当今社会成为绝大多数的人们心中的一项重要的幸福指标。最后一项"行"，在古代主要以舟船、畜力、脚力为主，近现代发展到航空、铁路、高速公路等彼此交织的电气化、网络化状态。

　　可以说，人类社会从古到今的历史，在某种程度上即是人类的衣食住行史，人类社会衣食住行的每一个新变化，都是人类历史文明的重要成果。除了衣食住行等基本的生活物资之外，各种精神文化类物品也是人类生存、发展的日常必需品，比如纸张、笔墨等。本章以生活必需品为题，来谈一谈这些日常生活必需品的来源、发展历程与种类。

中国的五谷杂粮

五谷有两种说法：一说是稻、黍、稷、麦、菽，另一说是黍、稷、麻、麦、菽。其中除麻以外的五种都是粮食作物。现稻、黍、稷、麦、菽、麻是中国传统作物。如今五谷一般指米、麦、粟、黍、豆。"谷"原来是指有壳的粮食，如象稻、稷、黍（亦称黄米）等外面都有一层壳。谷字的音是从壳的音来的。

五谷是粮食作物的统称。"五谷"之说出现于春秋、战国时期，《论语·微子》中说："四体不勤，五谷不分"。《皇帝内经》中

稻 谷

认为五谷即"粳米、小豆、麦、大豆、黄黍",而在《孟子·腾文公》中称五谷为"稻、黍、稷、麦、菽",在佛教祭祀时又称五谷为"大麦、小麦、稻、小豆、胡麻",李时珍在《本草纲目》中记载谷类有33种,豆类有14种,总共47种之多。现在通常说的五谷,是指稻谷、麦子、高粱、大豆、玉米,而习惯地将米和面粉以外的粮食称作杂粮,所以五谷也泛指粮食作物。

"五谷"最早的解释是汉朝人写的。汉人和汉以后人的解释主要有两种:一种说法是稻、黍(即玉米,也包括黄米)、稷(即粟)、麦、菽(即大豆),见于古书《周礼·职方氏》;另一种说法是麻(指大麻)、黍、稷、麦、菽,见于古书《淮南子》。把这两种说法结合起来,共有稻、黍、稷、麦、菽、麻六种主要作物。战国名著《吕氏春秋》里有四篇专门谈论农业的文章,其中《审时》篇谈论栽种禾(稷)、黍、稻、麻、菽、麦的得时失时的利弊。很明显,稻、黍、稷、麦、菽、麻就是当时的主要作物。所谓五谷,就是指这些作物,或者指这六种作物中的五种。如今,"五谷"已泛指各种主食食粮,一般统称为粮食作物,或者称为"五谷杂粮",包括谷类(如水稻、小麦、玉米等),豆类(如大豆、蚕豆、豌豆、红豆等),薯类(如红薯、马铃薯)以及其他杂粮。

五谷中的粟、黍等作物,由于具有耐旱、耐瘠薄、生长期短等特性,因而在北方旱地占有特别重要的地位。在《周礼·地官·仓人》中有:"仓人掌粟之入藏。"稷是如此重要,以致于周族祖先弃因善种庄稼,当上农官,称为"后稷"。稷被尊为百谷之长,位居五谷之首,与土地一道作为国家的代

第一章 话说人类的日常用品

名词——社稷。至春秋、战国时期，菽与粟成了当时人们不可缺少的粮食。

秦汉时小麦的产量有很大的提高，又被尊为五谷之首。人们发现宿麦（冬麦）能利用晚秋和早春的生长季节进行种植，并能起到解决青黄不接的作用，加上这时发明了石圆磨，麦子的食用从粒食发展到面食，使麦子受到了人们普遍的重视，从而发展成为主要的粮食作物之一。圣人在五谷之中最重视麦与禾。西汉时期的农学家赵过、氾胜之等都曾致力于在关中地区推广小麦种植。

唐宋以前，北方的人口都多于南方的人口。但唐宋以后，情况发生了变化。中国人口的增长主要集中于东南地区，宋代南方人口已超过北方，此后至今一直是南方人口密度远大于北方。南方人口的增加是与水稻生产分不开的。水稻很适合雨量充沛的南方地区种植，但最初被排除在五谷之外。唐宋以后，水稻在全国粮食供应中的地位日益提高，据明代宋应星的估计，当时在粮食供应中，水稻十分之七，居绝对优势，大小麦、黍、稷等粮作物，合在一起，只占十分之三的比重，已退居次要地位。而大豆和大麻已退出粮食作物的范畴，只作为蔬菜来利用。明代末年，玉米、甘薯、马铃薯相继传入中国，并成为现代中国主要粮食作物的重要组成部分。

五谷里的粟脱壳制成的粮食叫做"小米"（因其粒小，直径1毫米左右，故名小米）。原产于中国北方黄河流域，是中国古代的主要粮食作物，而且历史学界依据古人的食物类别将夏代、商代称为"粟文化"时期。粟生长耐旱，品种繁多，俗称"粟有五彩"，有白、红、黄、黑、橙各种颜色的小米。中国最早的酒也是用小米酿造的。粟适合在干旱而缺乏灌溉的地区生

5

小 米

长，其茎、叶较坚硬。粟在中国北方俗称谷子，南方则称稻为谷子。我国古代的先民在饮食上讲究膳食平衡，有所谓的"五谷为养、五果为助、五畜为益、五菜为充"的说法。其中，"五谷"含的营养成分主要是碳水化合物，其次是植物蛋白质，脂肪含量不高。

第一章 话说人类的日常用品

日常的调味品

◆ 食用油

食用油又称"食油",是指在制作食品过程使用的动物、植物的油脂。食用油是提供人体热能和必需脂肪酸、促进脂溶性维生素吸收的重要食物。随着世界人口的增长,全球食用油的需求量迅速增长,2002年达1.22亿吨。全球食用油消费以植物油为主。中国是食用油消费大国,也是世界油料生产大国,菜籽、花生、棉籽、芝麻的产量均居世界第一位,大豆、葵花籽的生产也名列前茅。常见的食用油多为植物油脂,如粟米油、花生油、橄榄油、山茶油、芥花子油、葵花子油、大豆油、芝麻油、核桃油等。动物油有猪油、奶油、鱼肝油等。

动物油主要含胆固醇、棕榈酸、肉豆蔻酸、月桂脂酸等饱和脂肪酸。植物油主要含豆固醇、谷固醇等多不饱和脂肪酸和单不饱和脂肪酸。多不饱和脂肪酸能降低胆固醇,单不饱和脂肪酸对胆固醇无影响。亚油酸、亚麻酸、花生四烯酸不能在体内合成,必须从食物中摄取,称为人体"必需脂肪酸"。食用油脂可分为饱和脂肪酸油脂,如猪油、牛油、羊油等动物油脂;单不饱和脂肪酸油脂,如花生油、菜子油等;多不饱和脂肪酸,如葵花子油、豆油、玉米油、棉子油、芝麻油、亚麻油等。下面我们就来介绍主要的食用油种类。

棉籽油。棉籽油是以棉籽制浸的油,可用于烹调、工业生产。含

有大量的必需脂肪酸，其中亚油酸的含量最高，亚油酸能抑制人体血液中的胆固醇，有利于人体健康。

大豆油。大豆油取自大豆种子，是世界上产量最多的油脂。大豆油颜色有淡黄、略绿、深褐色。精炼过的大豆油为淡黄色。大豆油含有大量亚油酸。亚油酸是人体必需的脂肪酸。幼儿缺乏亚油酸，皮肤变得干燥，鳞屑增厚，发育生长迟缓；老年人缺乏亚油酸，会引起白内障及心脑血管病变。

菜籽油。菜籽油是油菜籽制成的油，又称"菜油"。呈深黄略带绿色。菜籽油的粘度大，工业上还可作为润滑油、淬火用油、金属防

菜籽油

腐剂。

椰子油。椰子油取自椰子肉，为白色或淡黄色脂肪。中国的主产区是海南、雷州半岛、云南和台湾南部。含饱和脂肪酸高达90%以上，是良好的食用油脂，也是人造奶油的上等原料。

调和油。调和油是将两种以上经精炼的油脂按比例调配制成的食用油。调和油一般选用精炼大豆油、菜籽油、花生油、葵花籽油、棉籽油等为主要原料，配加精炼过的米糠油、玉米胚油、油茶籽油、红花籽油、小麦胚油等特种油酯。

玉米油。玉米油又称玉蜀黍油，是从玉米胚中提取的油，含有丰富的维生素E，对人体细胞分裂、延缓衰老有一定作用，可降低人体内胆固醇的含量，增强人体肌肉和心脏、血管系统的机能，提高机体的抵抗能力。

茶籽油。茶籽油取自油茶籽，是我国特产油脂之一。油茶以湖南最多。茶油呈浅黄色，澄清透明，气味清香。

芝麻油。芝麻油又叫麻油、香油，取自芝麻的种子，是膳食中上等的凉拌油脂。营养价值高，在东方被称为"油脂国王"，在西方被称为"油科作物皇后"。芝麻油含有固醇、芝麻酚，芝麻酚使芝麻和芝麻油成为"长寿食品"。

米糠油。米糠油有非常好的抗氧化稳定性，色泽淡黄，具有降低人体血脂的功能。

橄榄油。橄榄油是世界上最重要、最古老的油脂之一，地中海沿岸国家广泛食用。取自常绿橄榄树的果实，油脂呈淡黄绿色，具有令人喜爱的香味和滋味。也用于制药、化妆品、润滑油、纺织用油和磺化油等。

不可或缺的人造生活——产

橄榄油

知识百花园

粮油的种类

粮油是对谷类、豆类、油料及其加工成品和半成品的统称，分为原粮、成品粮。原粮分为谷类、麦类、杂粮类和豆类，包括稻谷、小麦、玉米、高粱、谷子、大麦、荞麦、大豆、小豆、绿豆、蚕豆、芸豆、甘薯等。成品粮包括大米、小麦粉，小米、油菜籽、白芝麻、黑芝麻、棉籽、葵花籽、香瓜籽、油茶籽、棕榈籽等。

油脂包括花生油、菜油、香油、葵花籽油、蓖麻籽油、大豆油、玉米胚油、棕榈油、橄榄油、色拉油、调和油、调味油、起酥油等。中国十大名牌食用油是金龙鱼、福临门、鲁花、香满园、胡姬花、多力、海狮、盛洲、红蜻蜓、刀唛、鹰唛。粮油制品包括生切面、杂面茶、挂面、龙须面、荞麦挂面、通心面、凉面、面饼、方便面、米粉、豆腐、豆奶、包子、面包、饼干、烧饼、汤圆、面筋、可可粉、色拉调料、芝麻酱、花生酱等。

◆ 盐

盐即指食盐，又称餐桌盐，盐的制作与使用源于我国，我国所产的食盐有海盐、井盐、池盐、矿盐等。古代称自然盐为"卤"，把经人力加工过的盐，才称为"盐"。中国古代最晚在仰韶时期（公元前5000年）已学会煎煮海盐。中国关于食盐制作的最早记载是关于海盐制作的记载。古籍记载，炎帝时的诸侯宿沙氏首创用海水煮制海盐，即所谓"宿沙作煮盐"。宿沙氏是中国海盐的创始人。最早发现并利用的自然盐有池盐，产地在晋、陕、甘等西北地区，最著名的是山西运城的盐池。现在青海省境内的察尔汗盐湖、茶卡盐湖即盛产池盐，其中察尔汗盐湖面积达1600平方公里，是中国最大的盐湖。另一种自然盐是岩盐，由开采的盐矿经炼制而成，多集中在新疆、云南境内，产于"盐山"。所谓"盐山"实际是指大粒矿盐。"饴盐"是岩盐中最好的，称"君王盐"。井盐出现较晚，最早出现于战国时期的巴蜀。秦昭王时蜀郡守李冰，在治水的同时，勘察地下盐卤分布状况，始凿盐井。土盐即"碱盐"，

不可或缺的人造生活——产

察尔汗盐湖

为盐碱地所产，味苦质劣，在盐家族中处于末位，只是作为食用盐的替代品。

盐是对人类生存最重要的物质之一，中国有句古话："开门七件事，柴、米、油、盐、酱、醋、茶。"盐在中国远古时代就被当作调味品。古代先民经过无数次随机性品尝海水、咸湖水、盐岩、盐土等，尝到了咸味的香美，并将自然生成的盐添加到食物中去，发现有些食物带有咸味比本味要香，就逐渐用盐作调味品。夏代就有"贡"给国家的盐，并且极为珍贵。汉代王莽称盐为"食肴之将"，突出盐在饮食烹饪中的地位。食盐按加工程度分为原盐（粗盐）、洗涤盐、精盐。原盐是从海水、盐井水直接制得的食盐；洗涤盐是以原盐用饱和盐水洗涤的产品；精盐是把原盐

第一章　话说人类的日常用品

溶解，制成饱和溶液，经除杂处理后，再蒸发制得的食盐。

盐的主要化学成份为氯化钠，是人类日常生活中不可缺少的食品。盐不仅增加菜肴的滋味，还能促进胃消化液的分泌，增进食欲。盐是调味品中用得最多的，号称"百味之祖"。菜里如果不放点盐，即使山珍海味也如同嚼蜡。盐不仅是重要的调味品，也是维持人体正常发育不可缺少的物质。人吃盐过少会造成体内的含钠量过低，发生食欲不振、四肢无力、晕眩等现象；严重会出现厌食、恶心、呕吐、心率加速、脉搏细弱、肌肉痉挛、视力模糊、反射减弱等症状。但多吃盐也对人体无益，可引起高血压。成年人每天吃盐量，不要超

颗粒盐

过12克。

每人每天需要6～10克盐才能保持人体心脏的正常活动、维持正常的渗透压及体内酸碱的平衡；食盐能解腻提鲜，祛除腥膻之味，有杀菌、保鲜防腐作用；用来清洗伤口可以防止感染；盐水能清除皮肤表面的角质和污垢，使皮肤靓丽；可以促进全身皮肤的新陈代谢，防治某些皮肤病。盐有补心润燥、泻热通便、解毒引吐、滋阴凉血、消肿止痛、止痒之功效；主治心腹胀痛、胸中痰癖、二便不通、齿龈出血、喉痛、牙痛、目翳、疮疡、毒虫螫伤。一般人群均可食用，但高血压、肾病、白内障、儿童不宜，多食盐，水肿忌食盐。同时，盐避免与芒果同食，以免诱发黄疸。

知识百花园

盐的使用妙法

要想清除毛毯上的油污，用1份盐和4份酒精配成的溶液清洗，便可除去油污；当胶底帆布鞋有臭气时，在鞋上撒少许盐，即可吸收汗水并除臭；草帽旧了，用盐水洗刷，能焕然一新；新买的牙刷在热盐水里浸半小时取出，可使牙刷经久耐用；两只颜色相似又不完全相同的棉质袜子，放在盐水里煮1小时，颜色就会一样；新买的浴巾在使用前用盐水浸透，可预防发霉；受潮的火柴放盐在上面，一两分钟后就干了；用盐水洗竹器、藤器，可更美观、更柔软耐用；柳条编制家具用沾有温热盐水的硬刷清洗,并在阳光下晒干,可防止家具变黄;新买的麻绳放在盐水里煮一下,可柔软耐用;浴用海绵若变得既粗又滑,在冷盐水中浸一会,就会又软又松;煤油灯里放些盐,又省油又不冒黑烟;将蜡烛先在浓盐水中浸泡数小时,取出干燥后燃烧,就不会流蜡;电池的电用完后,可在碳棒附近钻两个小孔,灌进盐水后用蜡封好,可使废电池重放光明;新扫帚在热盐水中浸泡后再用,可延长使用寿命;调浆糊时放点盐,浆糊不易发霉;盐水可除去油漆味;粉刷墙壁时,在石灰水中放0.3%的盐,能增加石灰的附着力;新摘下来的鲜花插在盐水瓶里,可不枯萎;在金鱼缸水中放点普通食盐,可使金鱼更活泼;在厨房水槽下水管中定期倒入浓盐水,可保持清洁,防止发臭和油污堆积;将盐和柠檬汁放在软布上擦钢琴键或大理石制品、象牙制品,可除去污迹;陶瓷、玻璃等器皿内的茶垢、污垢,用盐擦洗,去污效果较好;铜器上有黑斑点与污迹,用盐可使其焕然一新;用久了的热水瓶,将小苏打和盐水灌入瓶中,再加入一些碎蛋壳,盖上瓶塞频频晃动,即可除去水垢。

◆ 醋

醋又称酢、醯、苦酒、米醋,是以米、麦、高粱或酒、酒糟等酿成的含有乙酸的液体。醋源于我国,春秋战国的《周礼》记载:"醯人主醯","醯"即是指醋和其它各种酸味品,醋已有3000多年历史。醋的来历还有个传说。两三千年前,有位贤人叫杜康,很会造酒,被誉为"酒仙"。造酒剩下的酒糟,有一股怪味,杜康常叫他的儿子杜杼拿去送给别人喂牲口。有一年,快过年了,亲友四邻都找杜康帮助造酒。临出门前,杜康对杜杼说:"我要外出一些日子,酒蒸完了,酒糟由你处理吧。"杜杼

不可或缺的人造生活——产品

想，现在家家都在准备年货，谁要酒糟呢？于是，就把自家的酒糟装进一口大缸，加些水，盖上盖子，准备用来喂马。可是，他一忙就把这事忘了。整整过了20天，杜杼晚上做了个梦：有位老神仙向他要调味汁，他说："我哪有调味汁呀？"老神仙指了指泡酒糟的大缸说："这里不就是吗？到明天酉时就可以吃，已经泡了21日啦"。古时说的酉时，就是下午五点钟至七点钟的那段时刻。

第二天，杜杼醒来觉得这个梦很怪。快近傍晚的时候，杜康赶回家过年。杜杼向父亲诉说了一下，杜康觉得挺有趣。于是两人走向大缸，打开缸盖。一股酸气冲上来，好难闻！家里人都说："快丢掉，要不得！"不过，杜杼说："反正酒能喝，这酒糟水是吃不死人的，让我试一试。"他用舌头尖尝了尝那黄水，酸溜溜的。杜杼在父亲的支持下，让每人都来一点黄水蘸饺子吃。结果味道妙不可言。于是黄水变成调味品，那么该起个什么名字呢？杜杼受梦的启发，把"二十一日酉"这几个字组合起来，就成"醋"字。

我国各地物产气候不同，产生了各具特色的地方食醋，著名的有江苏镇江香醋、山西老陈醋、四川保宁麸醋、辽宁喀左陈醋。其中，山西老陈醋产于清徐县，为我国四

杜　康

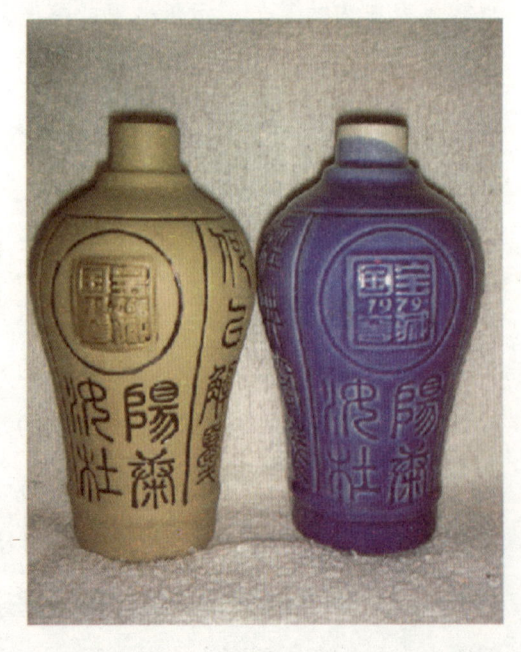

江苏镇江香醋

大名醋之首。老陈醋色泽呈酱红色，食之"绵、酸、甜、香、鲜"回味悠长。镇江香醋以酸而不涩、香而微甜、色浓味鲜、愈存愈醇为特色。镇江香醋以糯米为原料，是一种典型的米醋，已有1400多年的历史。"保宁醋"有近400年历史。泉州永春老醋就是历史上著名的福建红曲米醋。

醋的种类主要有：糙米醋（以漂白前的糙米为原料，含有氨基酸，味道美味，可加入蜂蜜或果汁饮用）、糯米醋（含氨基酸、维他命、醋酸及有机酸）、米醋（使用白米制成）、水果醋（其中苹果醋含丰富矿物质钾，对高血压有效，另外有葡萄醋）、酒精醋（以马铃薯的淀粉为原料，用酒精发酵后而成）。

食醋可分为酿造醋、合成醋、白醋，我国最多的是酿造醋。酿造醋含有氨基酸、乳酸、琥珀酸、草酸、烟酸等多种有机酸及蛋白质、脂肪、钙、磷、铁等多种矿物质。

醋能消食开胃、散淤血、止血、解毒等。

经常喝醋能消除疲劳、软化血管。食醋治病养生的作用有：消除疲劳；调节血液的酸碱平衡，帮助消化，抗衰老，具有很强的杀菌能力；增强肝脏机能，扩张血管，有利于降低血压，增强肾脏功能，有利尿作用；可使体内过多的脂肪转变为体能消耗掉，可防治肥胖。

吃醋的禁忌有：正在服碳酸氢钠、氧化镁、胃舒平等碱性药，及庆大霉素、卡那霉素、链霉素、红霉素等抗菌素药物时，不宜吃醋；服"解表发汗"的中药时不宜吃醋，如复方银翘片；胃溃疡和胃酸过多患者不宜食醋；对醋过敏者及低血压者忌用；老年人在骨折治疗和康复期间避免吃醋。

山西老陈醋——华夏第一醋

第一章 话说人类的日常用品

知识百花园

醋的妙用

醋煮花生米或黄豆，是高血脂、肥胖症、高血压和冠心病患者的佳肴；进餐时，鱼刺、肉骨卡在咽喉处，可用醋煎中药威灵仙，洗漱咽喉部，可使骨软化；宴餐进食，已感胸满腹胀，可用醋50至100毫升冲淡服下，以促进消化，排除胀闷积食；醋30毫升，加少量开水，一次温服，治胆道蛔虫；煮蛋前，先在水中加些醋，煮好后便容易剥壳；炒肉或纯肉时，加进一小匙白醋，能使肉柔软而且快熟。从冰箱取出待退冰的肉，先沾上一点醋，约经一小时后烹煮，则肉质柔嫩可口；酱菜太咸时加点醋，可使咸味变淡而味美；鱼剖开洗净后去水气，浸于醋中，则鱼久不变味；将生鱼置于醋中，很快就能将鱼皮与肉身剥离；新买的锅用醋洗净，则煎鱼不粘锅；煮海带时加些醋，容易煮透且可口；浮肿病患者常喝醋能治疗浮肿，能减少疼痛；在患处微肿而未化脓前，以棉花沾醋擦拭可以消肿；睡前饮一杯冷开水加一汤匙醋，易入睡；以浸过醋之热毛巾覆于额头，可治头痛、头晕。

◆ 香　料

香料又名辛香料、香辛料，是一些干的植物种子、果实、根、树皮做成的调味料的总称，如胡椒、丁香、肉桂等。香料在人类历史上有着重大影响，对于人类食品的保存技术及美化人类生活具有重要的作用。在中国汉朝，张骞开发了通往西域的商路之后，胡麻、胡椒等香料是从西域获得的重要商品之一。明代郑和下西洋，也从东南亚获得大量胡椒、苏木等香料。欧洲香料的产量很少，葡萄牙航海家达·伽马绕过好望角前往印度的最主要的目的就是发现一条香料的贸易途径。可以说，在历史上，香料和黄金、传教一样，是促成欧洲地理大发现的重要原因。香料还用于医药、宗教、化妆、香氛。

香料在食品中一般分为天然香料、合成香料两类。天然香料是自然界的香料，如胡椒、茴香、姜、肉桂、丁香等。合成香料是以人工合成法制造的香气成分，如柠檬油醛、薄荷脑、香草醛。天然香料可分为干果或种子，如茴香、芥末、黑胡椒；假种皮，如肉豆蔻；树皮，如肉桂、桂皮；干花蕾，如丁香；雌蕊

八角香料

第一章 话说人类的日常用品

罗汉果

柱头，如番红花；根和根茎，如姜黄、生姜和高良姜；树脂，如阿魏。

香料的品种主要有：罗汉果，味道清甜醇香，具有清肺止咳、润肠通便的功效；甘菘，成都称为香草，重庆称为香菘，具有理气止痛、开郁醒脾的作用，用作治疗胸腹胀痛、胃痛呕吐、食欲不振、消化不良；丁香，又叫公丁香、子丁香，为丁香的花蕾，有暖胃、止嗝逆、驱风、镇痛的作用；八角，又叫八角茴香、大茴香、大料、八月珠，有温中开胃、祛寒疗疝的作用；小茴香，又叫茴香、香丝菜、怀香、野茴香，用于红烧、卤水、麻辣火锅中，有行气止痛、健胃、散寒的作用；草果，有燥湿健脾、祛痰温中、逐寒抗疟疾的作用；砂

白芷

仁，又叫春砂仁、阳春砂仁，用于胃腹胀痛、食欲不振、恶心呕吐、肠炎、痢疾、胎动不安等；三奈，也叫沙姜、山辣，主治急性肠胃炎、消化不良、腹痛泄泻、胃寒疼痛、牙痛、风湿性关节炎、跌打损伤；灵草，也叫灵香草、零陵香，有治风寒、感冒头痛等作用；排草，又叫排香、香排草、香羊、毛柄珍珠菜，具有治感冒、咳嗽、风湿病、月经不调等作用；白豆蔻，又叫圆豆蔻，有行气理气、暖胃消食、化湿止吐、解酒毒的作用；肉豆蔻，别名玉果，有暖脾胃、涩肠、下气的作用；桂皮，又称肉桂，主治肾阳虚衰、心腹冷痛、久泻等；孜然，别名阿拉伯小回香、安息茴香；香叶，即桂树之叶；筚拨，味道辛辣，有特异香气，具有行气暖胃，能治腹泻呕吐、解酒止痢；香附子，有调经

止痛解郁的作用。

香料的其他品种还有：白芷，又叫香白芷、川白芷，有祛风湿活血排脓、生肌止痛的功效；紫草，又叫硬紫草、红条紫草、大紫草，有活血、凉血、解毒透疹、疮疡湿疹等功效；山楂，有去异味、消食健胃等功效；陈皮，又叫红橘、大红炮、川橘，有理气健脾燥湿化痰、食少吐泻、咳嗽痰多等功效；草蔻，有燥湿健脾、温胃止呕、脘腹胀满等功效；良姜，又叫高良姜、小良姜，有温胃散寒、行气止痛的功效；枝子，有降火、清热解毒等功效；紫苏，用于风寒感冒、鱼蟹中毒；香茅草，又叫野香茅、臭草，用于养心安神、祛风解表；川木香，有行气止痛、和胃消胀止泻等功效。

◆ 冰　糖

冰糖是砂糖的结晶再制品，由

冰　糖

不可或缺的人造生活——产品

冰糖燕窝

于其结晶如冰状，故名冰糖。早在三千多年前，中国就有用谷物制作饴糖的记载。根据《齐民要术》的记载，汉时中国已生产蔗糖和冰糖。冰糖的来历在民间还有个故事：相传清代康熙年间，有一个名叫扶桑的姑娘，是四川内江的一个大糖坊主张亚先家的丫环。有一次，她趁张亚先不在舀了一碗糖浆正准备喝的时候，张亚先来了，扶桑连忙把糖浆倒进猪油罐，将它藏进柴堆里，又在上边放些谷糠掩盖住。过了几天，当扶桑捧出猪油罐时，罐里却长满了许多水晶般的东西，敲碎入口，坚脆而纯甜，其味道胜过白糖。扶桑把这一奇怪现象讲了出去，许多人如法炮制，因制出的糖形似冰，味如蜜，人们就把它称作冰糖。

冰糖以透明者质量最好。冰糖可作药用，也可作糖果食用。自然生成的冰糖有白色、微黄、淡灰等色，还有添加食用色素的各类彩色冰糖，如绿色、蓝色、橙色、微红、深红等。冰糖分为单晶冰糖、多晶冰糖两种。前者又称颗粒状冰糖，20世纪60年代由天津新华食品厂研制成功。多晶冰糖又称盒冰糖、老冰糖，采用传统工艺制成，是由多颗晶体并聚而成的蔗糖晶体，是中国传统产品。近年来，市场上还兴起一种保健冰糖，即在多晶体冰糖生产过程中，通过添加一些辅料（如梨汁、菊花汁），从而增加冰糖的保健功效。

冰糖从颜色上分为白冰糖、黄冰糖两种。冰糖可以做为糖果，也可以制作小吃。最著名的糖葫芦，就是用冰糖裹李子或山楂制作而成。冰糖可以烹羹炖菜或制作甜点，如著名"冰糖湘莲"、"冰糖雪梨""冰糖燕窝"等。冰糖具有润肺、止咳、清痰、和祛火的作用，是泡制药酒、炖煮补品的辅料。主治肺燥咳嗽，干咳无痰，咯痰带血；用于肺燥、肺虚、风寒劳累所致的咳喘、小儿疟疾、噤口痢、口疮、风火牙痛。冰糖一般人均可食用，但糖尿病患者忌食。

知识百花园

醋的妙用

用醋与甘油的混合液涂抹皮肤，能使皮肤细嫩光滑；脸洗净后，再

用一盆清水加一汤匙醋来洗，再用清水清洗一遍，如此化妆更美丽；要皮鞋擦得特别晶亮，可在鞋油中加一两滴醋；擦亮铜银器，沾醋擦拭可保长久光亮；醋一大匙、氨水（即阿摩尼亚）两小匙、清水半盆混合起来，用来擦拭玻璃器皿、家具，能擦得特别光亮；取一大盆清水，再滴进几滴醋，将洗净的毛绒品衣物放入漂洗，可使毛绒品增加光泽；衣服洗净后，再用清水加少许醋搅洗，有色衣服便不褪色；衣服褶痕不易烫平，可用醋沿着褶痕一擦，便可烫平；陶瓷器放于加数滴醋的水中，便会去污；清洗袜子时加入少量的醋，不但能杀菌，并能除臭；油漆污迹在门上、地面等，可用热醋擦除；手脚等部位若沾染上沥青，可先用醋擦拭，再以肥皂、温水洗净；切洗葱或洋葱后，味道会留在手上，沾一点醋即可洗去。

烟酒茶糖类食品

◆ 酒

酒的故乡是中国。有关酒的来历有一个有趣的故事，这个故事与轩辕黄帝有关。传说，轩辕黄帝手下有一位大臣叫杜康，黄帝命杜康管理粮食，杜康很尽心。他把丰收的粮食都堆放在山洞里，时间一长因山洞潮湿，粮食全霉坏了。黄帝知道后，非常生气，下令说：以后如果粮食再霉坏，就处死杜康。当时，黄帝正在准备大战，征调来的粮食无处存放，杜康十分着急。有一天杜康在一片开阔地发现有几棵大桑树枯死了，只剩下粗大的树干，树干里面已经空了。杜康灵机一动，他想，如果把粮食装在树洞里，也许就不会霉坏了。于是他把自己的想法告诉给周围的人，大家都赞同，不几天就把粮食全装进树洞里。谁知那几年风调雨顺，连年好收成，装在树洞里的粮食顾不上用，几年以后，经过风吹、日晒、雨淋，慢慢发酵了。

一天杜康上山查看粮食时，突然发现，一棵装有粮食的枯桑树周围躺着几只山羊、野猪和兔子。开始他以为这些野兽都是死的，就大步走过去，想把这些野物弄回去让大家吃。谁知走近一看，发现它们还活着，似乎都是在睡大觉。正在纳闷时，一头野猪摇摇晃晃地站了起来，它一见人，马上逃进树林，紧接着山羊、兔子也一只只醒来逃走了。杜康正准备往回走，又发现两只山羊在装着粮食的树洞跟前低头舔着什么。杜康连忙躲到一棵大树后面观察，只见两只山羊舔了一会儿也摇摇晃晃起来，躺倒在地上。杜康飞快地跑过去想看看刚才山羊舔的是啥。不看则罢，一看把杜康吓了一跳：原来装粮食的树洞已裂开一条缝，里面的水不断往外渗出，山羊是舔了这种水才倒在地上的。杜康用鼻子闻了一下，渗出来的水特别清香，自己不由得也尝了一口，味道特别醇美。他越尝越想尝，最后一连喝了几口，只觉得天旋地转，倒在地上，昏昏沉沉地睡着了。

不知过了多长时间，当他醒来时，顺手摘下了腰间的罐，接了一罐水浆带回到杜康村。他把带回来的味道浓香的水让大家品尝，大家都觉得很奇怪，有人说把此事赶快向黄帝报告，有人不同意，说杜康现在把粮食装进树洞里变成了水，黄帝知道了一定会杀他的。杜康不慌不忙地向大家说："事到如今，不管是好是坏，都不能瞒着黄帝。"说着便去找黄帝了。黄帝

不可或缺的人造生活——产

杜康酒

听完杜康的话，又仔细品尝了他带来的味道浓香的水，立刻与大臣们商议此事。大臣们都认为这水是粮食的元气，并非毒水，应该给这种水起个名字。当时，为黄帝造字的大臣仓颉站出来说："酉日得水，咱就造个'酒'字吧！"从此，黄帝就命杜康用粮食造起酒来。

杜康酒是中国最古老的历史名酒，距今已有数千年的历史。史载最早的杜康酒诞生于河南省汝阳县的杜康村。由于这种酒的历史知名度，使得历代的文人骚客皆留下许多与其有关的诗词文章。我国宋代著名理学家、预言家邵雍先生曾说出"吃一辈子杜康酒，醉乐陶陶"的绝唱。另外东汉著名政治家曹操更写有著名诗篇《短歌行》，咏叹道："对

第一章 话说人类的日常用品

酒当歌，人生几何？譬如朝露，去日苦多。概当以慷，忧思难忘。何以解忧？唯有杜康。青青子衿，悠悠我心。但为君故，沈吟至今。呦呦鹿鸣，食野之苹。我有嘉宾，鼓瑟吹笙。明明如月，何时可掇？忧从中来，不可断绝。越陌度阡，枉用相存。契阔谈䜩，心念旧恩。月明星稀，乌鹊南飞。绕树三匝，何枝可依。山不厌高，海不厌深，周公吐哺，天下归心"。我国其他著名的酒的种类还有雄黄酒、屠苏酒、菊花酒、女儿红、茅台酒、二锅头、老白干、酒鬼酒、绍兴加饭酒、张裕葡萄酒、竹叶青酒。国外著名的酒主要有白兰地、薄荷酒、威士忌、葡萄酒、啤酒、兰姆酒、鸡尾酒、伏特加、龙舌兰酒。

◆ 烟

　　据考古学家研究，早在公元前1800至2000年时就有人类吸烟的记载。香烟，别名烟、烟叶。烟草、玉米、西红柿、土豆、巧克力，并称为古代美洲印第安人的五大发现。考古学家认为，迄今发现人类使用烟草最早的证据是墨西哥南部贾帕思州倍伦克的一座建于公元432年的神殿里的一幅浮雕。浮雕上画着一个叼着长烟管烟袋的玛雅人。考古学家还在美国亚利桑那州北部印第安人居住过的洞穴中发现了遗留的烟草和烟斗中的烟灰。3500年前的美洲居民便有吸烟的习惯。记载印第安人最早吸食烟草的文字，是西班牙人所著的《个人经历谈》，以及1535年出版的裴南蒂斯·奥威图所著的《印第安通史》。1558年水手们将烟草种子带回葡萄牙，随后传遍欧洲。1560年，法国驻葡萄牙大使让·尼科把烟草作为治疗疾病的药物寄回国。1612年，英国殖民官员约翰·罗尔夫在美国弗吉尼亚大面积种植烟

不可或缺的人造生活——产品

草。烟草于17世纪传入我国，当时我国人民普遍抽旱烟、水烟、鼻烟。《南京条约》签订后，英国等帝国主义国家把香烟带入我国。1885年，美国烟草大王杜克父子创办的杜克父子烟草公司首先向我国正式输入其生产的小美牌香烟。

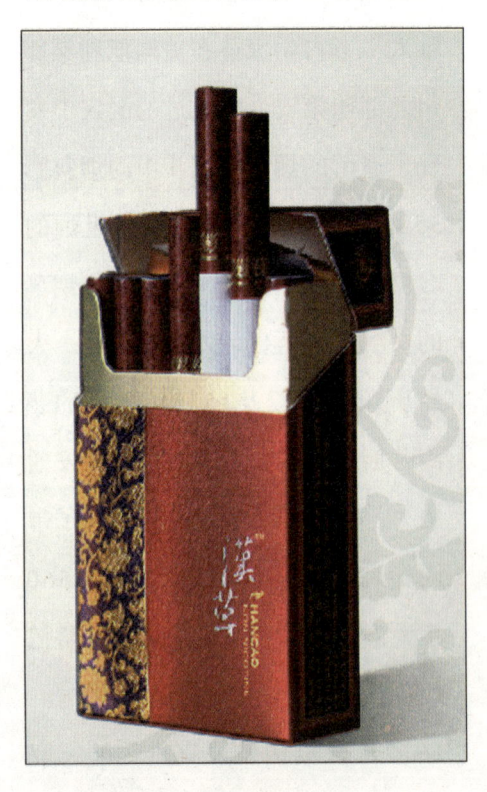

香烟的类型主要有烤烟（火管烤烟，源于美国弗吉尼亚。世界生产烤烟的国家主要有中国、美国、印度、巴西、津巴布韦、泰国、加拿大、日本）、晒烟（有晒红烟、晒黄烟，主要用于斗烟、水烟和卷烟，也作为雪茄芯叶、束叶和鼻烟、嚼烟的原料。生产晒烟的主要国家是中国、印度）、晒黄烟（分为淡色晒黄烟、深色晒黄烟，主要产区有广东南雄、湖北黄冈、吉林蛟河、江西上饶）、晒红烟（细分为老红、次红和黑褐色几种。是制造混合型卷烟、旱烟丝和斗烟丝的原料）、打晒烟（是指调制时先将烟叶堆积捂黄，然后再晒制成的烟叶，极为名贵）、晾烟（浅色晾烟、深色晾烟。包括雪茄包叶烟、马里兰烟和其他传统晾烟。雪茄包叶烟主要产于四川和浙江；主要生产马里兰烟的是美国；传统晾烟在广西武鸣、云南永胜有少量生产。白肋烟是马里兰深色晒烟品种的变种，烟碱和总氮含量比

香烟

第一章 话说人类的日常用品

烟草

烤烟高，含糖量较低。生产白肋烟的国家主要是美国）、香料烟（又称土耳其型烟、东方型烟，我国浙江新昌、湖北郧阳、河南汝阳等地有生产）、黄花烟（起源地是玻利维亚、秘鲁和厄瓜多尔高原，前苏联种植最多，称为蝶合烟。我国主要产区在新疆、甘肃、黑龙江，以兰州水烟、关东蝶合烟和伊犁蝶合烟最负盛名）、熏烟（也称明火烤烟，其方法是直接在房内生煤火或柴火，烟叶挂在烤房内直接与火接触，所以叫熏烟）。

烟草有2个品种，即普通烟草（又叫红花烟草）、黄花烟草。香烟是烟草制品的一种。制法是把烟草烤干后切丝，然后以纸卷成长约120毫米，直径10毫米的圆桶形条状。吸食时把其中一端点燃，然后在另一端用口吸咂产生的烟雾。香烟最初在土耳其流行。在克里米亚战争中，英国士兵从土耳其鄂图曼

不可或缺的人造生活——产

帝国的士兵中学会了吸食方法，之后传播到世界各地。烟草传入中国后，最早使用"烟草"表示的，是明代方以智的《物理小识》。中国是烤烟生产大国，80%的烟民吸食的是烤烟型卷烟。烤烟型卷烟与混合型卷烟相比，焦油含量高，有害物质多。特别是高档烤烟型卷烟比普通烤烟型卷烟的焦油含量还要高，毒性还要大。我国吸烟人数为3.5亿，居世界各国之首。

烟草对人体有许多危害：尼古丁通过肺黏膜和口腔黏膜扩散到全身，对中枢神经系统有刺激作用，导致恶心、眩晕、头痛。对人体危害最大的是烟碱、焦油、一氧化碳、氰化物及放射性物质。一般来讲，烟丝颜色趋于黄色，烟支燃烧后产生的焦油和有害物质增多；烟丝颜色趋于深褐色，烟支燃烧后产生的焦油和有害物质少一些。后来日本最早找到一个替代物，就是把芦荟叶子烤干后适量加入烟草中，可以大幅度降低焦油和尼古丁。日本科技界称芦荟保健烟的问世是"世界烟草工业的一大革命"。

科学吸烟要遵循下面的原则：选择低焦油卷烟；选择混合型烟；选择短支烟；选择劲头稍大一些的卷烟；选择自然香气浓的；水是焦油的天然克星，水可以将吸烟过程中产生的大部分有害物质通过尿道排出体外，所以吸烟族要养成先喝水后吸烟的习惯；吸烟族定期更换卷烟品牌，调整烟草品种，可大大降低吸烟的危害；少吃一些含高脂肪的食物，多吃新鲜蔬菜和水果，多吃含铁丰富的黄豆、蛋黄、牛奶；饮茶可减轻吸烟的危害；一只烟的长度（84毫米），黄金分割处是最佳的吸食位置，也就是说只抽烟的大约三分之一处，剩下的三分之二就不要再吸了，这样对健康最有利。

◆ 茶

饮茶是中国人首创的，在浙江余姚田螺山遗址出土了6000年前的古茶树。现在中国的野生茶树集中在云南、甘肃、湖南等地。中国饮茶的起源，有的认为源于神农氏。茶圣陆羽在《茶经》中说："茶之为饮，发乎神农。"据说茶是神农在野外以釜锅煮水时，刚好有几片叶子飘进锅中，使煮好的水色微黄，喝入口中生津止渴、提神醒脑，从而发现茶。对于饮茶的起因，有的认为茶最早是做为祭品用的，后来发现食而无害，最终成为饮料。

中国的有四种饮用境界：一是喝茶，即将茶当饮料解渴；二是品茶，注重茶的色香味，讲究水质茶具，喝时细细品味；三是茶艺，即讲究环境、气氛、音乐、冲泡技巧；四是最高境界，即茶道，通过品茗来修身养性、品味人生。茶道

古茶树

不可或缺的人造生活——产

祁门红茶

是一种以茶为媒的生活礼仪，是修身养性的方式，通过沏茶、赏茶、闻茶、饮茶，以美心修德，学习礼法。喝茶能静心、静神，有助于陶冶情操、去除杂念，符合佛道儒的"内省修行"。茶道是茶文化的核心，也是茶文化的灵魂。茶道包含茶礼、礼法、环境、修行四大要素。茶艺是茶道的基础，茶道的重点在"道"，旨在通过茶艺修心养性、参悟大道。茶艺所说的"艺"，是指制茶、烹茶、品茶等艺茶之术；所说的"道"，是艺茶过程中所贯彻的精神。茶艺与茶道结合，艺中有道，道中有艺。中国茶道的主要内容讲究五境之美，即茶叶之美、茶水之美、火候之美、茶具之美、环境之美，以求"味"和"心"的最高享受。在日本，茶道被称为"美学宗教"，以和、敬、清、寂为基本精神。

中国茶叶历史悠久，名茶有传

统名茶、历史名茶之分。下面我们就来介绍一下中国十大名茶。一是黄山毛峰。黄山毛峰是绿茶，产于安徽太平县以南，歙县以北的黄山，分布在云谷寺、松谷庵、吊桥庵、慈光阁、半山寺周围。二是西湖龙井。西湖龙井是绿茶，居中国名茶之冠。产于浙江杭州市西湖周围的群山之中。以"色绿、香郁、味醇、形美"四绝著称。三是冻顶乌龙，是乌龙茶，是台湾"茶中之圣"。产于台湾南投鹿谷乡，采自青心乌龙品种的茶树上。被誉为"香槟乌龙""东方美人"。四是碧螺春。碧螺春是绿茶，以"形美、色艳、香浓、味醇"等"四绝"闻名。五是君山银针。君山银针是黄茶，始于五代，宋、明、清时均为贡茶，其色、香、味、形俱佳，世称"四美"。六是铁观音。铁观音为乌龙茶，为乌龙茶中的极品，又称红心观音、红样观音，有"茶王"之称。最著名的是安溪铁观音，产于福建安溪县。七是茉莉香片。茉莉香片是花茶，又名"香片""熏花茶""窨花茶"。苏州茉莉花茶是我国茉莉花茶中的佳品，于清代雍正年间创制。八是庐山云雾。庐山云雾是绿茶，古称"闻林茶"，从明代起始称"云雾"，始创于东晋。九是祁门红茶。祁门红茶又名祁红、祁门香，为工夫红茶中的珍品，产于安徽祁门县。祁红与印度的"大吉岭"红茶、斯里兰卡的"乌伐"红茶，被誉为"世界三大高香名茶"。十是云南普洱茶。云南普洱茶亦称滇青茶，已有1700多年的历史。

茶叶的好坏，主要从色、香、味、形四个方面鉴别。干茶的外形，主要从嫩度、条索、色泽、整碎和净度方面来鉴别。嫩度是决定茶品质的基本因素，所谓"干看外形，湿看叶底"，就是指嫩度。条索是各类茶具有的一定外形规格，如炒青条形、珠茶圆形、龙

井扁形、红碎茶颗粒形等。一般长条形茶，看松紧、弯直、壮瘦、圆扁、轻重；圆形茶看颗粒的松紧、匀正、轻重、空实；扁形茶看平整光滑程度。各种茶均有一定的色泽要求，如红茶乌黑油润、绿茶翠绿、乌龙茶青褐色、黑茶黑油色等。整碎就是茶叶的外形和断碎程度，以匀整为好，断碎为次。净度主要看茶叶中是否混有茶片、茶梗、茶末、茶籽和制作过程中混入的竹屑、木片、石灰、泥沙等夹杂物的多少。净度好的茶，不含任何夹杂物。

◆ 糖

古代欧洲利用蜂蜜来制造糖果。最先是在罗马周围的地区出现了糖衣杏仁这种糖果。制造者用蜂蜜将一个杏仁裹起来，放在太阳

瑞士蛋白糖

第一章　话说人类的日常用品

夹心棉花糖

下晒干，就可以得到糖衣杏仁。这种糖果一直以来广受人们的喜爱，有名的糖衣果仁有巧克力的、烤杏仁的、开心果的。由于糖果价格昂贵，直到18世纪还是专属于贵族。随着殖民地贸易的兴起，蔗糖不再是稀罕的东西，众多的糖果制造商在这个时候开始试验各种糖果的配方，大规模地生产糖果，从而使糖果进入平常百姓家。糖果根据辅料、工艺和口味特点，可分为硬糖、奶糖、软糖、蛋白糖、乳脂糖、夹心糖，其所用原料主要是砂糖、淀粉糖浆或饴糖。

下面我们就来介绍几种主要的糖果：（1）硬糖。硬糖是添加适量香精、乳制品、果仁等辅料加工制成的一种脆性糖果，分为坚脆型、酥脆型两种。坚脆型硬糖包括水果味的柠檬、菠萝、橘子、香蕉

硬糖；清凉味的薄荷硬糖；果仁味的松子、花生、芝麻硬糖；乳脂味的椰子糖、话梅糖、脆香糖等。酥脆型包括微孔的拉白棍糖、拉白棕糖；中孔的泡泡糖、藕丝糖、空芯糖等。（2）奶糖。奶糖是添加适量油脂、乳制品、香料等，用明胶作胶体加工而成的糖果，分胶质型、非胶质型两种。前者具有较强韧性和弹性，后者弹性较小或有微粒结晶，两种均有奶味、果味、可可味、咖啡味等品种。（3）软糖。软糖是用琼脂、淀粉、明胶等作凝胶剂，经熬制、浇模成型，含水分较高、质地柔软的糖果，分为琼脂型（包括长方块的水晶软糖和半球形、卷筒形、色方三块等花色软糖）、淀粉型（包括橘子、菠萝等软糖，高粱饴和松子、胡桃等果仁软糖）、明胶型（如棉花糖）。（4）蛋白糖。蛋白糖是添加适量油脂、乳制品、果料、香料等，用蛋白作主要发泡剂或加少量明胶经充分搅拌，加工而成的糖果，分奶味果仁型、果仁型两类。

另外还有：（1）乳脂糖。乳脂糖是添加油脂、乳制品，经搅拌制成具有焦香味的糖果。按工艺及配方，分为胶质乳脂糖（又名太妃糖）、砂质乳脂糖（又名法奇糖）两类，均具有细腻、润滑的特性。乳脂糖有鲜奶、果味、可可味和咖啡味等品种。（2）夹心棉花糖、夹心糖。夹心糖是以砂糖、淀粉糖浆或饴糖为原料，经熬制成糖坯作外皮，用糖粉、果酱、果仁酱、乳制品、可可粉等做成各种馅心，包裹轧制而成的糖果，分为酥心型（如花生、芝麻酥心等）、酱心型（如苹果酱、橘酱夹心）、粉心型（如维生素、果粉、芝麻屑心等）和酒心型4类。（3）抛光糖。抛光糖是以各种糖料或果料为糖心，用糖粉和糖浆作糖衣，经抛光而成表面有光泽的糖果，分为弹子糖、珍珠糖、纽扣糖等。（4）粉糖（生糖）。粉糖是以白糖粉为原料，添加适量香料、调味料，经粘合压制而成各种形态的糖果，分为薄荷粉糖片、水果粉糖片、钙质粉糖片。（5）胶基糖。胶基糖是以胶基、糖粉、淀粉浆为原料，配以香料、调味料，经压制而成的糖果，分为胶姆型（如留兰香、鲜果汁等味）、泡泡型（水果味）两类。

休闲食品

休闲食品是快速消费品的一类，是在人们闲暇、休息时所吃的

台湾相思树

食品。休闲食品主要有干果、糖果、肉食品、巧克力、果脯果干、饼干糕点、干果干货、方便食品等。随着生活水平的提高，休闲食品一直是深受广大人民群众喜爱的食品。其中，休闲食品中的干果，其外面是干硬的壳，里面包着种子。干果有两种：一种是成熟开裂的，叫做裂果，里面含有多个种子。裂果中，果皮沿两道缝开裂的，叫做荚果，例如大豆、台湾相思树等；果皮沿两道缝开裂，有假隔膜，有多数种子的，叫角果。例如白菜、萝卜、荠菜等。另一种是属于不开裂的，叫闭果，里面大多只有一个种子。如栗子、榛子的坚果、向日葵等。在闭果中有坚果，如栗子、橡子等；瘦果，如向日葵等；颖果，如水稻、玉米、小麦等；翅果，如枫树、榆树等。下面我们就来介绍休闲食品中的巧克力、瓜子与果脯。

◆ **巧克力**

巧克力是Chocolate的译音，又称为众神的饮料，主料是可可豆，源于墨西哥的阿斯帝卡王朝的最后一任皇帝孟特儒时期。当时的墨西哥崇拜巧克力，喜欢以辣椒、番椒、香草豆和香料添加在饮料中，以黄金杯子盛起。最初巧克力是种野生可可加工制成的软饮料，叫做"巧克脱里"，西班牙人则称其为巧克力。后来一位名叫拉思科的商人采用浓缩、烘干等办法，成功生产出固体状的可可饮料——"巧克力特"，是巧克力的第一代。1763年，一位英国商人将巧克力特引进英国，在原料里增加了牛奶和奶酪，于是"奶油巧克力"诞生，是巧克力的第二代。1829年，荷兰科学家万·豪顿发明了可可豆脱脂技术，使巧克力的色香味臻于完美。经过脱脂处理后生产出来的巧克力，是巧克力的第三代，也就是我们现在所享用的。巧克力的著名

第一章　话说人类的日常用品

巧克力

品牌瑞士莲、克勒斯、金时、吉利莲、黛堡嘉莱（法国最古老最著名的皇室巧克力品牌，创始人是"法式黑巧克力之父"苏比士·黛堡。黛堡嘉莱被称为巧克力中的"劳斯莱斯"）、好时、慕纱、费列罗、金帝、德芙。巧克力的具体种类有薄荷巧克力、酒心巧克力、牛奶巧克力、果仁巧克力、白巧克力、鲜果巧克力、伴花巧克力、卡通巧克力等。

巧克力在浪漫的情人节，更是表达爱情的主角。在西方，巧克力是节日里最受欢迎的礼物，是浪漫、青春、健康、力量、关心、博爱、愉悦的象征，是快乐的制造者。巧克力中含有红葡萄酒中所含有的抗氧化物，以及蛋白质、膳食纤维、维生素E、脂肪、碳水化合物等。其营养功能有：能缓解情绪

低落，使人兴奋；对集中注意力、加强记忆力、提高智力都有作用；利于控制胆固醇的含量，保持毛细血管的弹性，能防治心血管疾病，是防止心脏病的天然卫士；能增强免疫力，预防癌症；是抗氧化食品，对延缓衰老有一定功效；被称为"助产大力士"，产妇在临产前适当吃些巧克力，可以顺利分娩。不过有心口痛的人要忌食巧克力；8岁以下儿童不宜吃巧克力；糖尿病患者应少吃；女性在经期食用过多的巧克力会加重经期烦躁和乳房疼痛；喝牛奶时不要吃巧克力。

◆ 瓜 子

瓜子营养丰富，香气诱人，西瓜子能健胃、利肺、润肠；葵花子脂肪酸及维生素E含量丰富，可治泻痢、脓疱疮等疾病；南瓜子有驱虫的作用。适当嗑点瓜子，能刺激舌头上的味觉神经，促进唾液、胃

向日葵

液的分泌，有利消化，有益健康，还能促进面部肌肉的运动。瓜子富含维生素、蛋白质、油类，每天吃一把瓜子对安定情绪、防止老化、预防成人疾病有益；能治失眠、增强记忆力，能预防癌症、高血压、心脏病。嗑瓜子能增强消化功能。饭前嗑，促进食欲；饭后嗑，消化食物。尤其是在吃了油腻的食物后嗑一把瓜子，好处更大。葵花子与西瓜子都富含脂肪、蛋白质、锌等微量元素及多种维生素，可增强消化功能。

适量吃瓜子好处很多，可以保持血压稳定，降低体内胆固醇，对皮肤、眼睛、大脑都有好处。但吃太多瓜子容易加重肝脏负担，形成脂肪肝；瓜子含盐分高，容易引发高血压；多吃瓜子对糖尿病不利。瓜子中含有一定的糖分，糖尿病人应该尽量少吃，如果每天吃500克的瓜子，不利于糖尿病人控制血糖。此外瓜子还有油脂，大量食入使血脂升高；长期嗑瓜子会大量带走唾液，而大量的缺乏唾液会对人的健康有害处。唾液过多流失，会导致口腔溃疡、牙龈炎、龋齿、消化不良等病，而且还使味觉迟钝，食欲减退。唾液有助于清除口腔内的食物残渣，减少细菌繁殖和发酵的机会，并能保护口腔粘膜，糖尿病患者一旦发生口腔溃疡，则很难痊愈，所以，吃葵花子时，最好用手剥壳，不能一次吃得太多。

◆ 果　脯

果脯是桃、杏、梨、枣等水果加糖或蜜制成的食品的统称。传说果脯最早是明朝御膳房生产的，后来传入民间，已有300多年历史。原来用蜂蜜加工，现在都使用糖来代替蜂蜜，习惯上称蜜饯果脯。果脯含糖量最高可达35%以上，而转化糖的含量可占总糖量的10%左

不可或缺的人造生活——产品

果脯

右，从营养角度来看，容易被人吸收利用。另外含有果酸、矿物质和维生素C，是营养价值很高的食品。果脯的主要名牌企业有香港么凤、澳门百花魁，以及佳宝、叶原坊、同享、珍奇味、济公、佳梅、华味亨、姚太太、天喔、永泰、盐津铺子。

北京果脯蜜饯的品种很多，常把果脯和蜜饯区分开来。一般把含水分低，不带汁的称为果脯。蜜饯是经蜜或糖煮不经干燥工序的果制品，表面湿润柔软，含水量在30%以上，一般浸渍在糖汁中，如蜜饯海棠、蜜饯山楂等。果脯有苹果脯、梨脯、杏脯、桃脯、沙果脯、香果脯、海棠脯、枣脯、青梅脯、红果脯等。果脯色泽有棕色、金黄色或琥珀色，鲜亮透明，表面干燥，稍有粘性。这种果制品，也称"北果脯""北蜜"，是北方形式的果脯蜜饯。而冬瓜条、糖荸荠、糖藕片、糖姜片等表面挂有一层粉状白糖衣的，称为糖衣果脯，也叫"南果脯""南蜜"，是来自福建、广东、上海等地的南方果脯蜜饯，质地清脆，含糖量多。

知识百花园

盐的使用妙法

清洁铁锅上的油腻时，先放入少量盐，再用纸擦铁锅，油腻更易清除；白色瓷砖、瓷澡盆、瓷脸盆，可用适量的食盐与醋配成混合液擦洗；用装有盐的湿布小袋擦汽车挡风玻璃，可防止积雪；搪瓷食具积了污垢，用盐和醋混合擦洗，即干净又不损光泽；菜刀用钝了，放在盐水里浸泡20分钟，然后边磨边浇盐水，磨出的刀刃锋利；菜板易裂，可将菜板放入盐水中浸泡一天，拿出来晾干，就不易裂；砧板上有鱼腥味时，用淘米水加盐洗擦，再用热水清洗，可除腥味；用盐水选出来的种子，出苗齐，苗健壮，防病虫害；用盐抹在鸡皮上更易拔出新生毛；新买的瓷碗、瓷杯、瓷碟、玻璃杯、陶制沙锅，如先放入盐水中煮过，则不易破裂；茶杯、茶壶上有茶垢后，用盐水浸泡10分钟，清洗起来十分方便；用盐擦洗铝质餐具，可使其光亮洁净；在煤球上撒点盐，能使炉火更旺些；筑炉膛时，在泥巴里拌点盐，炉膛便不会过早干裂；灯泡有了污渍，可用洗涤灵加入少量食盐轻擦，然后用清水洗净擦干，灯泡的亮度便和新的一样；洗蚊帐用少许盐，能避臭虫；毛巾用久了有怪味，用盐水搓洗能除怪味；棉织品熨焦了，用精盐少许，放在烫焦处揉擦，焦痕即可退去；棉织品发黄了，可用盐加苏打粉，用水煮1小时，黄色即可退去；衣服上沾有青草渍时，可将衣服常浸入食盐水中，轻轻揉搓，

即可除去；有汗渍的衣服，可先泡在10%的盐水里搓洗10分钟，用清水冲洗后，再用肥皂洗，就可去掉汗渍；染衣服放点盐，可使衣服颜色鲜艳；衣服染上墨迹，可先在清水里搓洗，然后再取几粒饭与食盐拌和，放在有墨迹处搓洗，再放到清水里搓洗，重复几次，则可除去。

膨化食品

膨化技术属于物理加工技术，膨化不仅可以改变原料的外形、状态，而且改变了原料中的分子结构和性质，形成了某些新的物质。膨化食品，又称挤压食品、喷爆食品、轻便食品，是近年国际上发展起来的一种新型食品。膨化食品有三种类型：一是用挤压式膨化机，以玉米和薯类为原料生产小食品；二是用挤压式膨化机，以植物蛋白为原料生产组织状蛋白食品；三是以谷物、豆类或薯类为原料，经膨化后制成主食。膨化食品主要以谷物、豆类、薯类、蔬菜等为原料，经膨化设备的加工，制造出品种繁多、外形精巧、营养丰富、酥脆香美的食品。总的来说，膨化食品主要包括：主食类，如烧饼、面包、馒头、煎饼等；油茶类，如膨化面茶；军用食品，如压缩饼干；小食品类，如米花糖、凉糕等；冷食类，如冰糕、冰棍。这些食品中，膨化面茶、印糕、压缩饼干等全部是用膨化粗粮制成。

如今科学家认为，膨化食品很有危害，孩子应少吃含铅比较高的膨化食品。研究人员称，对4835名年龄为20到59岁的人进行研究

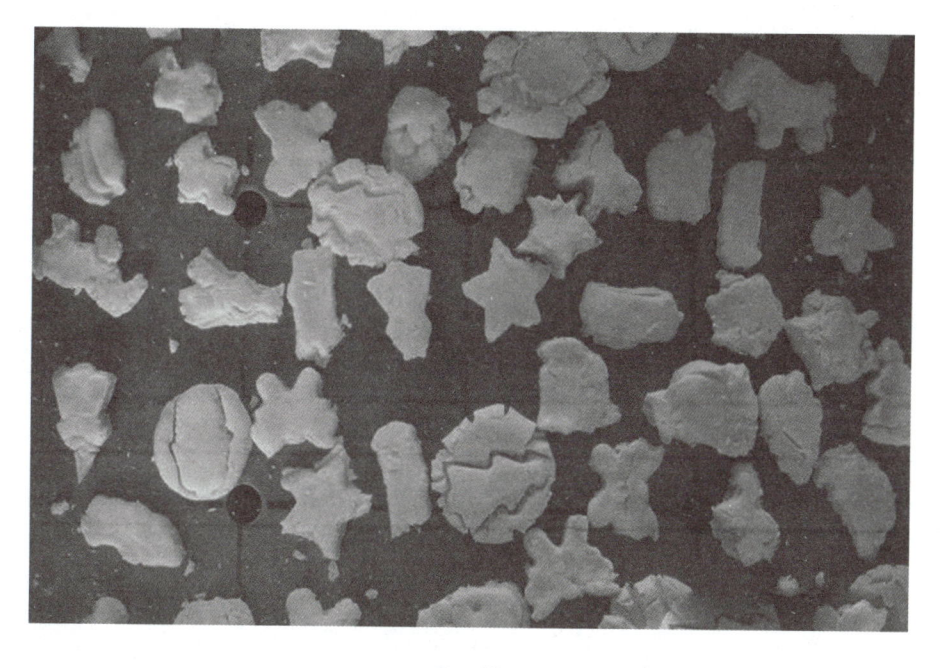

印　糕

后发现，青少年生长时期如果生活在一个铅含量高的环境中，那么就意味着他们长大后的认知能力会受到损害，血压一般普遍较高。而膨化食品的含铅量比较高，这是因为食品在加工过程当中是通过金属管道的，而金属管道里面通常会有铅和锡的合金，在高温的情况下，这些铅就会汽化，汽化了以后的铅就会污染这些膨化食品。尤其是街头制作出的爆米花，更不应多食，因为用于爆米花的"粮食扩大机"内壁上的铅锡合金在加热的过程中以气化的形态进入爆米花中，造成食物被铅污染。因此，应少吃膨化食品，最好不要在空腹的情况下食用。下面我们就来介绍膨化食品中的一种——饼干。

饼干，又称克立架、热食的软饼。饼干是用面粉和水或牛奶不放酵母而烤出来的，作为旅行、航海、登山时的储存食品，

不可或缺的人造生活——

特别是在战争时期用于军人们的备用食品是非常方便适用的。饼干类食品包含饼干、曲奇、苏打饼干、压缩饼干等。饼干的最早做法是单纯用面粉、水混合，在公元前4000年的古代埃及即有。真正成型的饼干，则要追溯到公元7世纪的波斯。公元10世纪，随着穆斯林对西班牙的征服，饼干传到欧洲，从此在基督教国家流传。公元14世纪，饼干已成为全欧洲最喜欢的点心。现代饼干是由19世纪的英国发明的。在长期的航海中，面包因含有较高的水份不适合作为储备粮食，所以发明了一种含水份量很低的饼干。而且还有个惊险的故事。150多年前，有一艘英国帆船在航行到法

曲奇

国附近的比斯开湾时，忽然天空狂风大作，帆船因此迷航搁浅，又被礁石撞了个窟窿。帆船被冲进一座孤岛。岛上没什么东西可充饥，船员饥饿难忍。这时一个船员想到帆船里还有面粉、砂糖、奶油。于是船员们又划着小舢板来到帆船上，把被海水浸湿的面粉、砂糖、奶油等运到小岛上去。然后就用面粉拌着砂糖、奶油，捏成一个个小面团，再放到火上烤熟了吃。不几天船员们遇救回国，为了纪念这次遇难，他们用同样方法烤了许多小饼分给周围的人们，大家十分喜欢吃。就这样，以"比斯开"命名的饼干就流传开了。

饼干的原意是"烤过两次的面包"，是以小麦粉为原料，加入糖、油脂及其他原料，经调粉、成形、烘烤等工艺制成的口感酥松、松脆的食品。英国的Biscuit和美国的Cracker都是指饼干。"厚而酥"的饼干是英国式，"薄而脆"的饼干是美国式。根据配方和工艺，甜饼干可分为韧性饼干、酥性饼干两类。韧性饼干的特点是印模造型多为凹花，表面有针眼，平整光滑，口嚼时有松脆感、耐嚼；酥性饼干的特点是印模造型多为凸花，花纹明显，结构细密。吃饼干时的注意事项有：尽量选择低脂、低糖和低卡路里的饼干；多喝开水，饼干的水份太少，要多喝开水来降火。

肉类食品

◆ 牛 肉

牛肉分为黄牛肉、水牛肉、耗牛肉。牛肉是中国人的第二大肉类食品,仅次于猪肉,牛肉蛋白质含量高,脂肪含量低,享有"肉中骄子"的美称。我国以黄牛肉为

小炒黄牛肉

主，黄牛肉肉质坚实，肥度好。黄牛肉分为蒙古牛、华北牛、华南牛三类，主产于吉林、新疆、青海。牛肉经过冷却成熟，会使肉变得柔软、多汁。下面我们就来介绍牛肉食品中的牛肉干。

严格意义上的牛肉干，仅指含水率小于20%的牛肉制干熟食，主要有手撕牛肉、风干牛肉、牛干巴、麻辣牛肉条、麻辣牛肉片、各种牛肉粒、牛肉脯等。牛肉干的历史非常悠久，我国各地都有各具特色的牛肉干制法流传至今。牛肉干的起源主要有三种说法。一是源于秦始皇的军队。据说秦军中的一支部队携带牛肉干出征，由于体积小重量轻，秦兵可边行军边食用，保持很好的体力，因此抢得战机，大获全胜，秦王得知此事大喜，便推广全军，使秦军一统天下，因此秦军所制牛肉干是牛肉干的鼻祖。二是源于孔子。据说孔子在鲁国广收门徒时，他收取的"学费"是"十条牛肉干"，因而孔子即成为牛肉干的鼻祖。三是源于成吉思汗的蒙古大军。据说可汗大军，屠牛取肉，制干为粮，铁骑征战，随军给养，所得之地，无不效仿，干制之法，传遍四方。其实，牛肉干真正起源于远古人类对自然的简单认知。在远古祖先的狩猎生活中，经常有获取大型猎物，鲜肉一时吃不了，需要想办法保存，而将鲜肉制成肉干是原始人类保存猎物最常见的一种方法，这种方法甚至早于人类使用火。

牛肉干富含肌氨酸，对增长肌肉、增强力量特别有效；含有足够的维生素B_6，可增强免疫力，促进蛋白质的新陈代谢；含肉毒碱，主要用于支持脂肪的新陈代谢，能增长肌肉；含钾和蛋白质。钾的水平低会抑制蛋白质的合成以及生长激素的产生，从而影响肌肉的生长；牛肉是亚油酸的低脂肪来源，可以有效对抗举重等运动中造成的组织

不可或缺的人造生活——

牛肉干

损伤；含锌、镁，锌是另外一种促进肌肉生长的抗氧化剂。锌与谷氨酸盐和维生素B_6共同作用，能增强免疫系统。镁可提高胰岛素合成代谢的效率；含铁，铁是造血必需的矿物质，牛肉富含铁质；含丙胺酸，能够供给肌肉所需的能量；含维生素B_2，能促进支链氨基酸的新陈代谢，从而供给身体进行高强度训练所需的能量。

总之，牛肉含有丰富的肌氨酸、维生素B_6、维生素B_{12}、丙氨酸、肉毒碱、蛋白质、亚油酸、锌、镁、钾、铁、钙等营养成份，这些营养成份，具有增强免疫力和促进新陈代谢的功能，特别是对体力恢复和增强体质有明显疗效。牛肉有补中益气，滋养脾胃，强健筋骨，化痰息风，止渴止涎的功效，适宜于中气下隐、气短体虚、筋骨酸软、贫血久病、面黄目眩之人食用。不过，牛肉干的膳食纤维较粗不易消化，因此胆固醇、老年人、儿童及消化力弱的人，不宜多吃；感染性疾病、肝病、肾病的人，慎食。

◆ 猪 肉

猪肉是中国百姓食用最广的肉类食品。猪肉的质量与猪的年龄、性别、放血程度、产区、肉体部位有密切关系。猪，又名豕、豚。历代医家认为，阴虚血虚患者多吃猪肉无益。猪肉是日常食品，一般健康人和患有疾病之人均能食之，但多食令人虚肥，多食或冷食易引起胃肠饱胀、腹胀腹泻。对于脂肪肉、猪油，高血压、偏瘫、中风、肠胃虚寒、虚肥身体、宿食不化，应慎食或少食。猪肉含有丰富的蛋白质及脂肪、碳水化合物、钙、磷、铁。具有补虚强身，滋阴润燥、丰肌泽肤的作用。凡病后体

火 腿

弱、产后血虚、面黄羸瘦，皆可食用。猪肉与大蒜相宜，与菠菜相忌。下面我们就来介绍中国著名的猪肉食品——火腿。

火腿又名"火肉""兰熏"，是腌制或熏制的猪腿。以浙江金华、江西安福、云南宣威出产的最有名。因其肉质嫣红似火得名"火腿"。火腿都是猪后腿。火腿有健脾开胃、生津益血的功用，能治疗虚劳怔忡、胃口不开、虚痢久泻。火腿发明于宋朝，最早出现"火腿"二字的是北宋。据传北宋代抗金名将宗泽回家乡后，回京时带回几块老家浙江义乌的咸肉，给宋高宗赵构品尝，赵构切开见到肉色鲜红如火，尝后味道鲜美，便赐名"火腿"，从此火腿成了贡品。浙江盛产火腿的有金华、东阳、兰溪、义乌、武义、浦江、永康，统称金华火腿。火腿实际上起源于温州地区。温州经常闹水灾，又因沿海，发大水的时候海水倒灌。等到发大水过后，农民又从避难的地方回来。有些被淹死的猪从泥沙里被挖出来，经过海水的处理，就成为自然的咸肉或火腿。由于当时没有食物可吃，人们就尝试食用这些被淹过的肉，后来就发明了做火腿和咸肉的方法。

而安福火腿源于先秦，是先秦祭祀的"火胙"。为道教胜地的安福武功山，当地百姓习惯将上等的猪蹄胙肉作为敬神供品，祭神后的胙肉再加盐腌制即成"火胙"。后来就将猪腿腌制成"火腿"。宣威火腿又叫云腿，产于滇东北的宣威县而得名。它采用当地的乌蒙猪，每年霜降到次年立春之前，是制作火腿的最佳季节。宣威火腿制作，是将切割成琵琶形的猪后腿洗净，以盐反复用劲搓揉，使之渗入肉中，然后腌制让其自然发酵，历半年方成熟，也称琵琶脚。

知识百花园

火腿鱼头浓汤

用料：宣威火腿肉、鱼头、熟笋肉、葱丝、姜块、料酒、精盐、味精、熟猪油。

做法：火腿和笋切同样大小的长方片。鱼头对剖开，洗净，入沸水中烫一下，捞出沥干。沙锅置旺火上，下熟猪油，四成热时，放进鱼头略煎，参加料酒、葱丝、姜块，翻转鱼头，注入沸水，加锅盖烧一会，使汤汁奶浓，即可将鱼头盛入汤盆，摆对称，将火腿片、笋片相间展排在鱼上。锅中浓汤加盐、调味料再烧一下，拣去姜块，倒入汤盆中，淋上熟油即成。

火腿虾仁蛋炒饭

用料：上浆小虾仁25克，金字上汤火腿片3片（切成细粒），火腿汤3勺，青豆（焯熟）15克，鸡蛋2只，米饭250克，葱花10克。

做法：铁锅烧热，用圆滑过，留油25克，烧热后放下打透的鸡蛋，同时下葱花炒香，放下米饭炒干，粒粒疏散，放下滑熟的虾仁和青豆炒匀即可。不用放其他任何调料。

火腿虾仁蛋炒饭

◆ 羊　肉

羊，又称为羯、羝，我国分布很广，主要有东北地区北部、新疆、宁夏、甘肃、西藏、山东等省区。养羊不仅为了用皮毛，而且主要是食肉。羊肉有山羊肉、绵羊肉、野羊肉之分。古时称羊肉为羧肉、羝肉、羯肉，对一般风寒咳嗽、慢性气管炎、虚寒哮喘、肾亏阳痿、腹部冷痛、体虚怕冷、腰膝酸软、面黄肌瘦、气血两亏、病后或产后身体虚亏等均有疗效，最适宜于冬季食用。羊肉鲜嫩，营养价值高；羊肝能养血、补肝、明目；羊胆能解毒洁肤，可治疗风热目疾、疮疡肿毒等症；羊髓能补肾健脑，可治毛发枯槁、须发早白、失眠健忘、皮肤粗糙；羊肾能补肾气、益精髓，可治肾虚所致的耳聋耳鸣、须发早白。不过，暑热天、发热病人，慎食；水肿、骨蒸、疟疾、外感、牙痛、一切热性病，禁食。红酒不能和羊肉一起食用。

中国著名的四大羊肉汤是江苏苏州藏书羊肉汤、山东单县羊肉汤、四川简阳羊肉汤、内蒙古海拉

第一章　话说人类的日常用品

维吾尔烤羊肉串

尔羊肉汤。下面我们来介绍羊肉食品中的美味羊肉串。

新疆烤羊肉串是大众食品，蒙式烤羊肉是高档消费。烧烤有明火烤、炭火烤、炉烤、泥烧、竹烤、铁板烧等。烧烤所用的工具有烧烤炉、炭、钎子、刀、鱼夹、牙签等。炭有易燃炭、木炭、机制炭三种。烧烤分"直接烧烤""间接烧烤"。直接烧烤是把球炭放在烧烤炉炭架的中央，把菜品放在烤网中央直接烧烤，也有不用烤网而选择不粘平底锅的。间接烧烤是通过烤炉完成，球炭点燃后置于炭架的两端，菜品摆放在烧烤架中部，盖上炉盖，用风门调节火候，靠熏焖将食物制熟。

一般认为，羊肉串源于新疆。目前考古专家在鲁南临沂市内五里堡村出土的一座东汉晚期画像石残墓中发现两方刻有烤肉串的画像石，经研究发现这两幅画中所见的

不可或缺的人造生活——产品

人物形象皆汉人，他们烤的肉串是牛羊肉串。这两幅庖厨图反映出1800年前鲁南民间饮食风俗。因而可以由此看出羊肉串的历史很悠久。烤羊肉串在吐鲁番是最有名的民族风味小吃。烤羊肉串是在特制的烤肉铁槽上烤炙而成的。铁槽分上下两层，中间隔板成孔状，用无烟煤作燃料。烤羊肉串用的铁钎子，长30厘米，一头装有木柄。制做时，先将精羊肉切成3平方厘米见方的薄片，依次穿上铁钎，然后置放在烤肉槽上，一边用煤火烤，一边撒上精盐、辣椒粉、孜然粉等佐料，3～5分钟左右翻烤另一面，几分钟后即可食用。羊肉串的吃法

羊肉串

分为撒辣椒、孜然两种作料。其中新疆烤羊肉串配方主要有：羊肉、盐巴、红柳；羊肉、盐巴、红柳、孜然、辣椒面；羊肉、盐巴、红柳、孜然、辣椒面、芝麻；羊肉、盐巴、红柳、孜然、辣椒面、淀粉、皮芽子、鸡蛋、味精。新疆烤羊肉串中最受欢迎的是烤羊腰子。

知识百花园

维吾尔烤羊肉串

配方：瘦羊肉500克，精盐15克，胡椒粉5克，芝麻50克，小茴香3克，孜然5克，花椒粉5克，洋葱末25克，鸡蛋1个，面粉15克，味料、辣椒粉少许。

做法：将瘦羊肉去掉筋膜，洗净血水，切成小块放入盆中，加精盐、芝麻、胡椒粉、孜然、小茴香、洋葱头、花椒粉、鸡蛋打散、面粉和味精，揉搓拌匀，腌渍2小时；将裹匀稠糊状调味料的小块羊肉，用手捏扁穿在竹签上，每串穿8~10个；将羊肉串横架在点燃、煽旺的炭烤炉上，边煽边烤，待羊肉串两面烤至出油时即熟。

炭烤猪肉串

原料：净猪通脊1000克，葱头500克，食油50克，精盐5克，胡椒粉少许。

不可或缺的人造生活——产品

做法：将猪肉洗净切成20块约2厘米厚的长方形，葱头洗净切数个葱头圈后，切块放入绞肉机绞成泥，备用。将猪肉块、盐、胡椒粉，葱头末放在一起拌匀腌约3个小时，取出猪肉块除去葱头泥，抹上少许食油，串入不锈钢钎子上，用炭火缓缓烤熟。食用时放上葱头圈点缀即可。

◆ 鸡 肉

鸡肉是家鸡的肉。家鸡，又称鸡，分为丹、黄、乌、白四种，著名的鸡种有九斤黄鸡、狼山鸡、大骨鸡、寿光鸡、萧山鸡、浦东鸡、桃源鸡、北京油鸡。鸡古称烛夜、角鸡、家鸡。鸡肉细嫩，滋味鲜美，富有营养。鸡肉对营养不良、畏寒怕冷、乏力疲劳、月经不调、贫血、虚弱有很好的食疗作用。鸡以乌鸡为佳，具有温中益气、补肾填精、养血乌发、滋润肌肤的作用；凡虚劳羸瘦、面瘦、面色无华、水肿消渴、产后血虚乳少，可食乌鸡。鸡肝能养血补肝，凡血虚目暗、夜盲翳障者可多食。鸡肉不宜与芝麻、菊花、芥末、糯米、李子、大蒜、鲤鱼、鳖肉、虾、兔肉同食；服用左旋多巴、铁制剂时，不宜食用鸡肉；禁食多龄鸡头、鸡臀尖；能啼的阉鸡和抱窝鸡不能食用。下面我们就来介绍鸡肉食品中的名品——扒鸡。

扒鸡是经数种药料、调料拌和后油炸、蒸煮而成。扒鸡是以嫩鸡过油炸至金黄色，然后加口蘑、酱油、丁香、砂仁、草果、白芷、大料、饴糖等调料蒸卤而成。扒鸡的主要营养成分有脂肪、蛋白质、胡萝卜素、维生素、膳食纤维和钙、钾、磷、钠、硒、镁等矿物质。一般人皆可食用，但动脉硬化、冠心病、高血脂患者，忌食。扒鸡，以山东德州五香脱骨扒鸡最著名。德州扒鸡是三百年来历代相传的老字号产品，有"香溢州城"之美

第一章 话说人类的日常用品

德州扒鸡

誉。德州扒鸡,被誉为"天下第一鸡",被康熙大帝御封为"神州一奇"。德州扒鸡具有健脾、开胃、补肾、强心、利肺之功效。

德州扒鸡源于明代,创于清朝。明末清初,随着漕运繁忙,德州成为京都通达九省的御路,经济繁荣。德州出现了贾姓人家贾健才烧鸡、徐恩荣的"徐烧鸡"等。康熙三十二年,即公元1693年,制作烧鸡的贾家人将扒鸡提到元宵灯会上去卖,销路大开,名声大振。从此,德州城出现烧鸡、扒鸡同产同销的火爆局面。这个时期的扒鸡传人,主要代表人物是宝兰斋扒鸡铺的候宝庆和德顺斋扒鸡铺的韩世功。建国初期,二十六名扒鸡传人组成了德州扒鸡联营社,在火车站

不可或缺的人造生活——产品

站台上专门向旅客供应扒鸡。德州扒鸡的名品有五香板鸡、香辣鸡脖、五香鸡胗、清真扒鸡。

◆ 鱼

鱼类是最古老的脊椎动物。世界上现存的鱼类约26000种，中国计有2500种。汉代《尔雅》把动物分为虫、鱼、鸟、兽4类，其中鱼包括鱼类、两栖类、爬行类等低等脊椎动物及鲸和虾、蟹、贝类等。鱼是终生生活在水里、用鳃呼吸、用鳍游泳的脊椎动物。海洋中常见的鱼类有海马、海龙、黄鳝、鲤鱼、鲫鱼、鲟鱼、大黄鱼、鲨鱼等。鳕鱼、鲨鱼的肝是提取鱼肝油（维生素A和维生素D）的主要原料。鱼的种类

鱼翅

62

第一章 话说人类的日常用品

很多，主要的食用淡水鱼包括鲤鱼、草鱼、鲫鱼、鳜鱼等，海水鱼包括黄鱼、带鱼、平鱼等。

鱼肉味道鲜美，是日常饮食中比较喜爱的食物，大体上分为海水鱼和淡水鱼两类。儿童经常食用鱼类，生长发育比较快，智力发展也较好，而且经常食用鱼类身体壮，寿命也较长。鱼肉有滋补健胃、利水消肿、通乳、清热解毒、止嗽下气的功效，对各种水肿、浮肿、腹胀、少尿、黄疸、乳汁不通、孕妇胎动不安、妊娠性水肿有疗效；鱼肉对心血管系统有很好的保护作用，可养肝补血、泽肤养发。鱼肉一般人群都可食用。但慢性病者不宜多食。同时吃鱼前后忌喝茶，忌与猪肝同食，不宜与西红柿同食。下面我们就来介绍鱼类食品中的鱼翅。

所谓鱼翅，就是鲨鱼鳍中的细丝状软骨。鲨鱼鳍骨形似粉丝，但咬起来比粉丝更脆，口感要好。鱼翅是海味八珍之一，与燕窝、海参、鲍，合称为中国四大"美味"；是由鲨鱼的胸、腹、尾等处的鳍翅切成丝，干制而成。吃鱼翅是一种中国特有的文化现象。传统认为，鱼翅可益气、清神、去痰、利尿、开胃、润肤、养颜，能补五脏、长腰力、解肝郁、活气血、润肌理。中国人吃鱼翅的历史，可追溯到明朝，被列为御膳。明熹宗喜欢吃用鱼翅和燕窝、鲜虾、蛤蜊等十几种原料同作的"一品锅"。现在，鱼翅更为多见，为各菜系所常用。

鱼翅的种类繁多，分为排翅、散翅两类。排翅又称鲍翅、裙翅或群翅，是选用质量较好的鱼翅，如五羊片、青片、牙拣翅等涨发而成。发好的排翅呈扇形梳状，形状完整，美观大方，是制作高档鱼翅菜肴的原料。散翅是用较薄小的鱼

翅涨发而成，呈粉丝状。排翅和散翅涨发好以后，都应当先煨制入味，方可用于制作菜肴。

蛋类食品

蛋指的是某些陆上动物产下的卵，胚胎外包防水的壳。鸟类、爬行类以及哺乳类的鸭嘴兽都下蛋。在适当的温度下，蛋会在一定时候孵化，幼体用口部上方的角质物凿开蛋壳破壳而出。蛋的营养丰富，

鸡 蛋

可做成炖蛋、茶叶蛋、蛋糕等美食，自古即被视为营养补给的最佳来源。蛋是人类重要的食品之一，常见的蛋包括鸡蛋、鸭蛋、鹅蛋、鹌鹑蛋等，其中以鸡蛋最普遍。蛋能安五脏、安心神、定惊、安胎，具有养阴、健脾、补肺等作用，常吃能去病延年，最适合成长中的儿童、青少年及孕妇。

蛋由蛋壳、蛋黄、蛋白、蛋系带等组成。其中，蛋壳含有丰富的碳酸钙，非常容易消化吸收，是补充钙质的最佳来源。每天取约2克的蛋壳研成粉状食用，可预防因钙质不足、骨量减少而导致的腰酸背痛、容易骨折或骨质疏松。蛋黄含有丰富的蛋白质、脂肪、钙、卵磷脂和铁质等营养成分。其中卵磷脂可促进血管中胆固醇的排除，有预防动脉粥样化的功用，可促进学习、记忆的能力，达到预防老人痴呆的功效。蛋白中含有白蛋白，具有清除活性氧的作用，可增强人体免疫力，达到防癌的功效。蛋黄左右有两条白色的索状物，就是蛋系带，是优质蛋白质的来源，还含有一种"涎酸"，具有消灭病毒、防止感染产生、预防癌变的作用。下面我们就来介绍几种蛋类食品：

（1）鲜鸡蛋。鸡蛋的品种由母鸡的品种决定，我国著名的鸡蛋主要有来航鸡蛋、狼山鸡蛋、九斤黄鸡蛋、北京油鸡蛋、山东寿光鸡蛋、澳洲黑鸡蛋、芦花鸡蛋、大骨鸡蛋、浦东鸡蛋、泰和鸡蛋、桃源鸡蛋等。鸡蛋的主要产地有湖北、湖南、江苏、山东、安徽、四川、河北、山西等省。（2）鲜鸭蛋。鲜鸭蛋是指人工饲养的母鸭所生的蛋。我国养鸭历史悠久，大群养鸭最早出现于公元前500年春秋时代的吴国。鲜鸭蛋主产于福建、浙江、江苏、湖南、湖北、四川、江西等南方水乡。鸭蛋的品种是由产蛋的母鸭决定，优质鸭蛋主要有北京鸭蛋、金定鸭蛋、高邮鸭蛋、绍

不可或缺的人造生活——产

兴鸭蛋、海安鸭蛋、肖山鸭蛋、金华鸭蛋、宁次白里鸭蛋等。（3）咸鸭蛋。主要产地有江苏、湖北、浙江、福建、江西、广东等水乡，优良产品有江苏高邮咸蛋、湖北沙湖咸蛋、湖南西湖咸蛋、浙江南溪等地的黑桃蛋等。

另外，蛋类食品还有鹅蛋、鹌鹑蛋、鸽蛋。蛋类食品中还有一种特殊食品——皮蛋。皮蛋，别名松花蛋、松花皮蛋、汴蛋、灰包蛋、彩蛋。皮蛋为我国首创，生产历史悠久。清朝四十八年重刻的《高邮州志食货志物产》就有记载。清朝中期，皮蛋生产传到北京通县一带。20世纪初开始正式出口。主要产地在湖北、湖南、江苏、四川、北京、河北、安徽、浙江、江西、天津、福建、广东等省市。

皮蛋的来历还有个故事，相

皮　蛋

传明代泰昌年间，江苏吴江县一家小茶馆，店主会做生意，所以买卖兴隆。由于人手少，店主在应酬客人时，随手将泡过的茶叶倒在炉灰中，说来也巧，店主还养了几只鸭子，爱在炉灰堆中下蛋，主人拾蛋时，难免有遗漏。一次，店主人在清除炉灰茶叶渣时，发现了不少鸭蛋，他以为不能吃了。谁知剥开一看，里面黝黑光亮，上面还有白色的花纹，闻一闻，一种特殊香味扑鼻而来，尝后鲜滑爽口。这就是最初的皮蛋。制作皮蛋的主要原料是生石灰、纯碱、食盐、红茶、植物灰。皮蛋分溏心皮蛋、硬心皮蛋两类。

服装类用品

◆ 衣 服

衣服就是衣裳服饰，泛指身上穿的各种衣裳服装。当今服装面料种类繁多，有纯棉、纯毛、纯丝、纯麻制品、呢绒、皮革、化纤等。人类祖先是不穿衣服的，比如欧洲的亚当、夏娃赤身裸体地生活在伊甸园里，没有清规戒律束缚，活得挺自在。后来受了蛇的引诱，吃了果子，开始有了七情六欲，就开始有了羞耻之心，就羞愧地把无花果叶子连缀成衣，聊以遮羞冷。大自然有严冬与酷暑，人们便开始用衣服来一层层地包裹自己，并且越来越厚，越来越严实。内衣之外要有外衣，外衣之外还要加罩衫，并且

不可或缺的人造生活——衣

是从头到脚，头上加了各式的帽子和头巾，而脚上穿了鞋还不算，还要套上一种叫作袜的东西。印度妇女们裹了头巾还不够，还要在脸上蒙上一层朦胧的面纱。这其中除去了御寒的用途与民俗的原因外，还有一些道德观念。

衣服的面料主要有：（1）棉布。棉布是各类棉纺织品的总称，多用来制作时装、休闲装、内衣和衬衫。优点是轻松保暖、柔和贴身、吸湿性、透气性甚佳；缺点是易缩、易皱，外观上不大美观，必须时常熨烫；（2）麻布。麻布是以大麻、亚麻、苎麻、黄麻、剑麻、蕉麻等各种麻类植物纤维制成的一种布料，用来制作休闲装、工作装。优点是强度极高、吸湿、导热、透气性甚佳；缺点是穿着不舒适，外观较粗糙、生硬；（3）丝绸。丝绸是以蚕丝为原料纺织而成的各种丝织物的统称，可被用来

丝　绸

制作各种服装，尤其适合用来制作女士服装。优点是轻薄、合身、柔软、滑爽、透气、色彩绚丽、富有光泽、高贵典雅、穿着舒适；缺点则是易生折皱、容易吸身、不够结实、褪色较快；（4）呢绒。呢绒又叫毛料，是对用各类羊毛、羊绒织成的织物的泛称，适用制作礼服、西装、大衣等高档服装。优点是防皱耐磨、手感柔软、高雅挺括、富有弹性、保暖性强；缺点主要是洗涤较困难，不适制作夏装。

衣服的面料另外还有：（1）皮革。皮革是经过鞣制而成的动物毛皮面料，多用以制作时装、冬装。可分为革皮（即经过去毛处理的皮革）、裘皮（即处理过的连皮带毛的皮革）。优点是轻盈保暖、雍容华贵；缺点则是价格昂贵、贮藏护理要求较高；（2）化纤。化纤是化学纤维的简称，是利用高分子化合物为原料制作而成的纤维的纺织品，分为人工纤维与合成纤维两类。优点是色彩鲜艳、质地柔软、悬垂挺括、滑爽舒适；缺点是耐磨性、耐热性、吸湿性、透气性较差，遇热容易变形，容易产生静电；（3）混纺。混纺是将天然纤维与化学纤维按照一定的比例，混合纺织而成的织物，可用来制作各种服装。优点是吸收了棉、麻、丝、毛和化纤各自的优点，在价格上较为低廉。

◆ 鞋 子

鞋是有底、帮，起保护和装饰作用的足部穿着物。鞋的制作包括鞋设计、材料选择、加工成型等过程。鞋的历史悠久，鞋的形象最早见于氏族社会时期的彩陶。现存最早的鞋是湖南长沙楚墓出土的一双用皮缝制的鞋。古代的鞋有屦、舄、履、靴等。其中，屦有麻屦、葛屦、皮屦等。麻屦以麻绳编成，编时边编边砸，使之结实。葛屦穿于夏天，皮屦穿于冬天（皮屦即早

不可或缺的人造生活——产

木 屐

期皮鞋)。少数民族的皮鞋称鞮。汉代以后,履取代屦,成为鞋的通称。舄是屦的别名,复舄是帝王大臣祭祀时专用的鞋,又称达屦。屐即木屐,有两种:一为平底木屐,一为底下设齿木屐。靸即拖鞋,深头、平底无跟。初以皮制,秦代始以蒲草制。

自商周时期起,鞋的穿着均有制度。如汉代,祭服穿舄,朝服穿靴,燕服穿屦,出门则穿屐。唐代官民都可穿靴,只是式样略异,女子流行软底透空锦勒靴。宋元沿用唐代的鞋,但款式品种增多。明代官员着靴或云头履,儒生多穿黑色双梁鞋,庶民百姓则穿布鞋、蒲草鞋、牛皮直缝靴,缠足妇女穿以樟木为高底的弓鞋。清代皇帝上朝时穿方头朝靴，官吏为黑缎靴，武官穿快靴，高级官员穿牙缝靴，贵族旗人女子穿花盆底鞋。此外还有室内穿的拖鞋、雨天的钉靴、冰上用的冰鞋。清代鞋头逐渐由方变尖，名称有云头、镶嵌、双梁、单梁等。近代中国多穿布鞋；皮鞋初为上层人士着西装、军服时穿用。后来胶鞋随体育运动的兴起而流行。20世纪初，我国开始皮鞋、布鞋和胶鞋的工业化生产；50年代后，逐步形成皮、布、胶、塑为主要材料的制鞋工业体系。

我国的鞋类分为皮鞋、布鞋、胶鞋、塑料鞋（化学鞋），称为四鞋。随着社会的进步和科学技术的发展，四种鞋从原料、辅料、加工装配工艺、款式、功能都在渗透，互相借鉴，取长补短。因此促使鞋的造型款式、结构用料、功能等方面都在日新月异的变化。鞋的种类以功能分为：日用鞋（是人们日常穿用的各式皮鞋，含流行的时装鞋）、军用鞋（各军种、兵种的军官、士兵和警察穿用的由国家发放的皮鞋，含飞行靴、潜艇鞋、坦克靴、边防滑雪鞋、消防靴、交通警察靴）、工作鞋（含有劳动保护鞋、劳动工作鞋，是从事生产建设、科研勘探等劳动穿用的工作鞋和劳动保护鞋，如司机鞋、护士鞋、纺织女工鞋、防砸鞋、防油鞋、防刺鞋、防腐蚀鞋、防辐射鞋、地质鞋、宇航鞋等）、文体鞋（即文艺、体育界穿用的鞋，如戏剧鞋、杂技鞋、舞鞋、足球鞋、垒球鞋、冰鞋、高尔夫球鞋、自行车鞋、摩托车鞋、举重鞋、摔跤鞋、登山鞋、跳伞鞋、跑跳鞋、教练鞋等）、旅游鞋（即供游览和旅行者穿用的鞋，性能轻巧、柔软、灵便、透气、吸汗、穿用舒适）、医疗矫正鞋（是用于治疗疾病或用于支撑、保护、矫正下肢和足骨，或者是补饰生理缺陷的鞋，包括磁疗鞋、激穴鞋、脚癣鞋、小儿麻痹

不可或缺的人造生活——产

弓 鞋

鞋、护腿靴、护踝靴、护趾补饰鞋等）。

鞋的种类以穿用季节分为棉、夹（单）、凉鞋。其中，棉鞋（厚里鞋）是以毡子、毯子、毛皮、保暖材料等作鞋里的防寒或保护鞋；夹鞋（单鞋），是用里革、帆布、化纤等薄织物作鞋里、无鞋里的单层面的鞋；凉鞋，是夏天穿的，以带条、网眼、编制结构或砸刻孔眼透空的鞋。鞋的种类以鞋跟结构可分为平跟鞋、中跟鞋、高跟鞋、特高跟鞋、坡跟鞋、无跟鞋等。其中，平跟鞋的跟高30毫米以下；中跟鞋的跟高为30～50毫米；高跟鞋的跟高为55～80毫米；特高跟鞋的跟高85毫米以上；坡跟鞋的跟体成楔坡型与前掌部位相连；无跟鞋的鞋底上无鞋跟结构的鞋；松糕鞋的泡沫材料前后高度都超过50毫米以上的鞋。

鞋的种类以制造工艺分为缝制鞋、胶粘鞋、注塑鞋、模压鞋、注胶鞋、硫化鞋。其中，缝制鞋，又称为针缝鞋。凡是缝制工艺制造的鞋子都是缝制鞋，包括缝沿条鞋、透缝鞋（暗缝鞋）、压条鞋（大绱鞋）、反绱鞋、包子鞋等；胶粘鞋，即用胶粘剂进行帮底总装工艺制造的各种鞋；模压鞋，即采用模压工艺制造的鞋。将混炼胶通过模具加压、加温造型硫化，并与皮鞋帮结合成鞋；注塑鞋，即采用注塑工艺制造的鞋。利用注塑成型机将塑料（胶塑混合料）注入模具冷却定型，使帮底结合成鞋；注胶鞋即利用注胶机将胶料注入模具中，造型硫化，并与鞋帮结合成鞋；硫化鞋即将粘糊法将混炼成型胶片与鞋帮糊成型通过硫化罐加压、加热硫化制成鞋。

◆ 帽　子

帽子的品种繁多，按用途分，有风雪帽、雨帽、太阳帽、安全帽、防尘帽、睡帽、工作帽、旅游帽、礼帽等；接使用对象和式样分，有男帽、女帽、童帽、少数民族帽、情侣帽、牛仔帽、水手帽、军帽、警帽、职业帽等；按制作材料分，有皮帽、毡帽、毛呢帽、长毛绒帽、绒绒帽、草帽、竹斗笠等；按款式特点分，有贝蕾帽、鸭舌帽、钟型帽、三角尖帽、前进帽、青年帽、披巾帽、无边女帽、龙江帽、京式帽、山西帽、棉耳帽、八角帽、瓜皮帽、虎头帽等。另外，按季节分为冬季防寒的皮绒帽，夏季的遮阳帽，春秋季节戴的防风防沙帽；按造型特点分为有檐帽、无边帽、罩帽。随着科学技术的发展，还出现医用的磁疗帽，防止司机打盹的电子帽，自动按摩的音乐帽，无线电的安全报警帽等。

下面我们就来介绍帽子中的有檐帽、无边帽、罩帽：

有檐帽，指具有帽檐的帽，主要有礼帽、斗笠、遮阳帽（帽冠呈圆形，帽檐沿帽口向四周伸展，周围有钢条支撑，有折叠、不折叠两种）、草帽（以麦秸等植物茎编

不可或缺的人造生活——产品

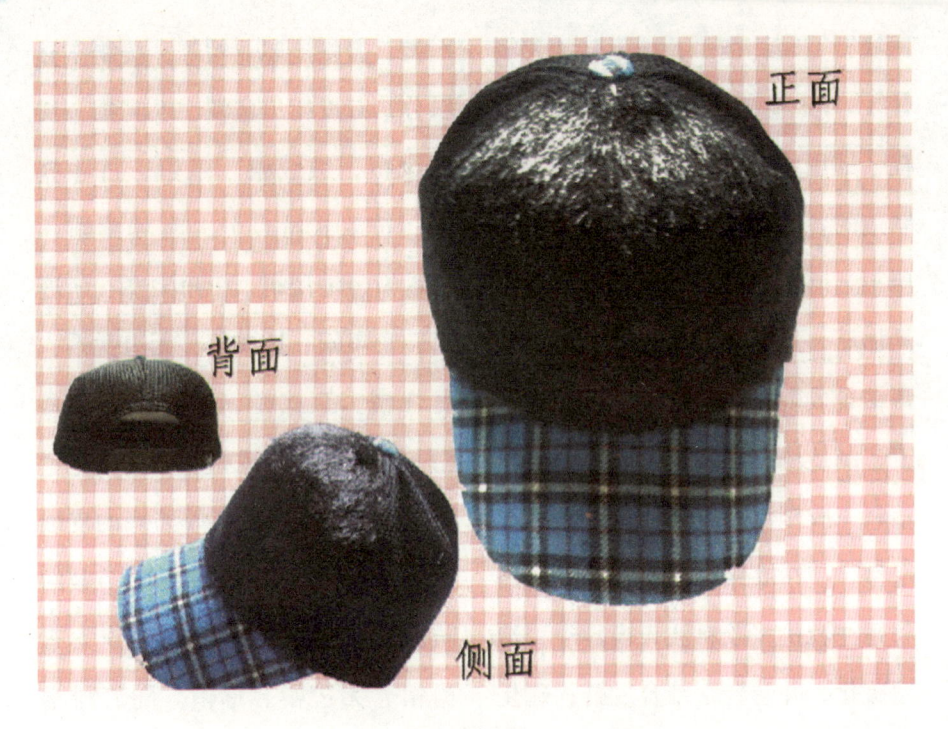

有檐帽

成)、盆帽(以纤维织物为帽面,内衬软木类的挺括物,或以棕榈叶编成的盆形帽)、大檐女帽(向前大开檐的女用遮阳帽。因英国电影《简爱》女主人公戴过,又称简爱帽)。另外,有檐帽还有如下欧美流行的形式:一是巴拿马帽。以中南美洲棕榈嫩叶漂白纤维编成的浅色草帽,主产于巴拿马。二是荷兰帽。即帽冠尖、帽檐后翻或侧边展开的荷兰女帽。三是墨西哥帽。即宽檐高顶的草帽、毛呢帽,流行于西班牙、墨西哥及南美。四是水兵帽。即整圈帽檐向上反折的小帽,又称水手帽,源自美国士兵的装束。五是拿破仑帽。即前后帽檐往上反折、便于携带的帽,又称双角帽。现为美、英、法国海军仪仗队用帽。六是罗宾汉帽。即帽冠尖而高,帽檐由后往两侧反折的便帽。

因英雄罗宾汉戴用而得名。

无边帽。通常无檐，也包括前端有半截舌的帽。无边帽有10种，分别是：苏联帽（即帽面为皮革，顶平圆呈6瓣，帽缘接缝耳的保暖帽。无舌的称苏式，有舌的称和平式，20世纪50年代由苏联传入中国）、新疆帽（即顶上有4棱，多以彩色平绒为帽面，加以刺绣、珠绣，为维吾尔族传统帽）、罗宋帽（即圆筒状驼绒帽，顶中有绒球，眉间露小舌。20世纪上半叶在中国广为流行）、贝雷帽（又称博士帽，通常为黑或深蓝色毛呢

巴拿马帽

帽)、红军帽(即有帽舌的灰色扁平布帽,帽顶呈八角形,又称八角帽。始于20世纪30年代中国工农红军)、鸭舌帽(即五四运动前从国外传入,因其形似鸭嘴而得名。鸭舌帽前高后低,又称前进帽)、大盖帽(又称大檐帽,清末传入中国,现为中国人民解放军军帽的一种)、回民帽(即顶圆、帽墙前高后矮,多以白漂布或青平绒制成,为回族传统帽)、库锦毡帽(即顶部盘金刺绣,底口有镶嵌装饰。帽前有小檐,耳扇嵌灰鼠毛,多为藏族人戴)、厨师帽(即圆顶,周围捏密褶,下有较宽的箍口。厨师的帽子越高,表示手艺越高,最高的可达35厘米)。

罩帽。即紧罩住头顶和后脑部位,露出前额,在腭下系带的帽;有时附加帽舌。罩帽主要有以下几种,分别是:婴儿帽(常以丝绸或布料裁制)、虎头帽(形似老虎的头,用于儿童,还有兔儿帽)、游泳帽(用橡胶或其他防水材料做的游泳运动帽)、睡帽(睡眠时的护发用帽,下腭系带固定)

第二章

用途广泛的家具

不可或缺的人造生活——

　　家具是家庭用的器具，又叫家私。家具有广义和狭义之分，广义家具是指人类维持正常生活、从事生产实践和开展社会活动必不可少的一类器具；狭义家具是指在生活、工作或社会实践效中，供人们坐、卧或支承、贮存物品的一类器具。家具是一种普及的大众艺术，既有某些特定的用途，又有满足供人们观赏的功能。家具的类型、数量、功能、形式、风格和制作水平，反映了一个国家与地区在某一历史时期的社会生活方式，以及历史文化特征。家具也是某一国家或地域的某种生活方式的缩影。家具发展至今，已形成风格多样、品种完备、档次齐全的大市场格局。家具按风格，分为现代家具、欧式古典家具、美式家具、中式古典家具（红木家具）、新古典系列家具等；按所用材料，分为实木家具、板式家具、软体家具、藤编家具、竹编家具、钢木家具和其他人造材材料家具（如玻璃家具、大理石家具）。而从使用功能上来说，主要分为柜类家具、桌类家具、坐具家具、床类家具、箱架类家具。总之，"家具"是人们的卧榻之宝，本章我们就来说一说家具产品。

第二章 用途广泛的家具

家具概述

家具既是物质产品，又是艺术创作。家具的类型、数量、功能、形式、风格和制作水平以及当时的占有情况，还反映了一个国家与地区在某一历史时期的社会生活方式，社会物质文明的水平以及历史文化特征。家具是由材料、结构、外观形式和功能四种因素组成，其中功能是先导，是推动家具发展的动力；结构是主干，是实现功能的

曲美家具

基础。这四种因素互相联系，又互相制约。由于家具是为了满足人们一定的物质需求和使用目的而设计与制作的，因此家具还具有功能和外观形式方面的因素。

家具发展至今，已形成风格多样、品种完备、档次齐全的大市场格局。家具按风格，分为现代家具、欧式古典家具、美式家具、中式古典家具（红木家具）、新古典系列家具等；按所用材料，分为实木家具、板式家具、软体家具、藤编家具、竹编家具、钢木家具和其他人造材材料家具（如玻璃家具、大理石家具）；按功能，分为客厅家具、卧室家具、书房家具、厨房家具、辅助家具；按档次，分为高档、中高档、中档、中低档、低档；按产品的产地，分为进口家具、国产家具。国际家具品牌有北欧风情、达芬奇、芙莱莎、富克拉等；国内家具品牌有大风范、国森、雄族、曲美和标致。另外家具还有软体家具，主要指沙发、床类

田园沙发

第二章　用途广泛的家具

家具。其中，沙发分为美式沙发（最大的魅力是非常松软舒适）、日式沙发（最大特点是成栅栏状的小扶手和矮小的设计）、中式沙发（特点在于整个裸露在外的实木框架）、欧式沙发（大多色彩清雅、线条简洁，流行白米、米色）。沙发根据用料分为布艺沙发、皮沙发、皮配布沙发等。床，常见的有床组和床垫，现在的床垫主要组成是弹簧、海绵和外包面料。

家具的材料中，红木家具是实木家具的一种。所谓红木家具主要是指用紫檀木、酸枝木、乌木、瘿木、花梨木、鸡翅木制成的家具，除此之外的木材制作家具都不能称为红木家具。紫檀木是红木中的极品。其木质坚硬，色泽紫黑、凝重、手感沉重。年轮成纹丝状，纹理纤细，有不规划蟹爪纹。紫擅木分老紫擅木和新紫檀木。老紫檀木呈紫黑色，浸水不掉色，新紫檀木呈褐红色、暗红色或深紫色，浸水会掉色。酸枝木俗称老红木。木质坚硬沉重，能沉于水中，呈柠檬红色、深紫红色、紫黑色条纹，加工时散发出一种带有酸味的辛香。乌木颜色乌黑发亮，有油脂感。瘿木是树木形成瘿瘤后的木材，分为桦木瘿、楠木瘿、花梨木瘿、酸枝术瘿。瘿木的纹理曲线错落，美观别致，是最好的装饰材料。花梨木又称香红木，木质坚硬，色呈赤黄或红紫，纹理呈雨线状，色泽柔和，重量较轻，能浮于水中。鸡翅木木质坚硬，颜色分为黑、白、紫3种，形似鸡翅羽毛状，色彩艳丽明快。黑胡桃木产自北美和欧洲。呈浅黑褐色带紫色，弦切面为美丽的大抛物线花纹（大山纹）。樱桃木主要产自欧洲和北美，木材浅黄褐色，纹理雅致，弦切面为中等的抛物线花纹，间有小圈纹。榉木色泽明亮浅黄，有密集的"针"（木射线），旋切有山纹。枫木色泽浅黄，有小山纹，最大特征是有

不可或缺的人造生活——产品

红木家具

"影"。桦木色泽浅黄，特征是多"水线"（黑线）。

家具中的中国古典明代家具的特色有：普遍采用较硬质的树种制作各式硬木家具；不加油漆罩染，充分体现木材原有的纹理和色泽；采用木构架的结构，注意家具的造型。明清家具分为京作、苏作和广作。京作指北京地区制作的家具，以紫檀、黄花梨和红木等硬木家具为主，形成豪华气派的特点。重蜡工，结构用鳔、镂空。苏作指苏州地区制作的家具，以苏州为中心的江南地区，是明式家具的发源地，以明式黄花梨家具驰名。特点是造型轻巧雅丽，装饰常用小面积的浮雕、线刻、嵌木、嵌石等手法，喜用草龙、方花纹、灵芝纹、色草纹等图案。精巧简单，不求装饰。广作指广州地区制作的家具，特点是用料粗壮，造型厚重。明式家具讲究选料，多用红木、紫檀、花梨、

82

第二章 用途广泛的家具

鸡翅木、铁梨等硬木，有的也用楠木、榆木、樟木及其它硬杂木，其中黄花梨木效果最好。注重雕刻装饰，追求华丽。

在国外，欧式古典风格家具的绒条部位饰以金线、金边，与墙壁纸、地毯、窗帘、床罩、帷幔的图案以及装饰画或物件匹配。这种风格的特点是华丽、高雅。北欧风格家具主要指丹麦、瑞典、挪威、芬兰四国家居。北欧家居回归自然，崇尚原木韵味。美式家具风格特别强调舒适、气派、实用和多功能，分为仿古、新古典和乡村式风格，崇尚怀旧、浪漫。另外还有后现代风格家具，主张兼容并蓄，无论古今中外，凡能满足居住生活所需的都加以采用。室内设计常利用设置隔墙、屏风、柱子或壁炉的手法来制造空间的层次感，使居室在不规划、界限含糊的空间，利用细柱、隔墙形成空间层次的不尽感和深远

欧式古典风格家具

感。现代风格家具款式比较现代、简约，颜色和款式盛行流行色。

家具还有实木家具、板式家具、藤艺家具。实木家具是指由天然木材制成的家具，表面一般都能看到木材美丽的花纹。实木家具分为纯实木家具（家具的所有用材都是实木，包括桌面、衣柜的门板、侧板等）、仿实木家具（从外观上看是实木家具，木材的自然纹理、手感及色泽都和实木家具一模一样，但实际上是实木和人造板混用的家具，即侧板顶、底、搁板等部件用薄木贴面的刨花板或中密度板纤维板）。实木多用于用料较少的品种和局部，而且贵重木材很少使用实木。例如实木餐椅比较常见，但一般是中高档的用进口榉木，中档的用枫木、桦木、国产榉木，低档的用橡胶木等。橡胶木，原色为浅黄褐色，有杂乱的小射线，材质轻软，是低档实木用材。其它如松木、杉木、柞木等，皆属比较低档的家具用材。一般说来，实木的木纹、木射线清晰可见，或多或少有一些自然瑕疵（木节、木斑等、

板式家具

黑线等）；木皮的木纹、木射线清晰。同样应有自然瑕疵。

板式家具是指以人造板为主要基材、以板件为基本结构的拆装组合式家具。常见的人造板材有胶合板、细木工板、刨花板、中纤板等。板式家具常见的饰面材料有薄木（俗称贴木皮）、木纹纸（俗称贴纸）、PVC胶板、聚脂漆面（俗称烤漆）等。而家具中的藤制家具可细化成卧房、客厅、庭园三大系列，更多强调的是艺术性。目前藤艺家具分为室外家具（如花园、游廊边摆设的小圆桌、靠背椅、躺椅等）、客厅家具（是藤艺家具中最为完美、最具风格的餐厅家具）、藤艺小摆件（如藤艺台灯）。在颜色方面，现代藤艺家具有银灰色、古铜色、红棕色、墨绿色。更多的漆以透明色。国内最知名的藤器品牌有艺藤居、名藤轩、翡翠藤器。

中国古代家具简史

我国家具历史悠久，早在三千多年前的商代，已有精美的青铜和石制家具。宋元以后，我国家具艺术已经发展成为高度科学性、艺术性、实用性相结合的生活用具。中国古家具分几、俎、席、斧依、禁五类。其中，供人依靠为几，供人载牲和承放食物为俎，坐具为席，屏风为斧依，箱柜为禁。"几"传说在黄帝轩辕时即已出现，古代的"五几"乃指左右玉几、雕几、彤几、漆几、素几五种。"俎"，是祭祀之具，是"案"的前身。"俎"的最早形制为虞时的"木完

俎",据《三礼图》绘,"长二尺四寸,广一尺二寸,高一尺",样子像今天四条腿的长方形桌。席是我国最古老的坐具之一。起初是作为防虫防潮,日夜坐卧的用具。周朝时,天子、诸侯朝觐、祭天、祭祖的重大政治活动以及士庶婚丧、讲学、日常起居等都要在席上进行。周朝时设五席即"莞、缫、次、蒲、熊"。莞席用一种俗称水葱的莞草制作;缫席以蒲草染色编成花纹,或以五彩丝线夹于蒲草之中编成五彩花纹席;次席用桃枝竹编成竹席;蒲席由一种生于池塘的水草编成;熊席则是天子四时狩猎或出征时专用,除熊皮外也可用其它兽皮。斧依即屏风,周朝时是天子专用的家具,是周天子权力和地位的象征。禁与木于,都是陈馔之器具。"禁"长方形,同台案,有

俎

第二章　用途广泛的家具

足。木于形如方盘，下有两杠，无足。二者是大夫和士喝酒的用具。

另外，佛教对中国家具文化有深厚的影响。今天使用的许多家具，是随着佛教传播到中国来的。从东汉到南北朝，大量天竺国高型家具进入汉地，华夏民族席地而坐的起居方式受到严重冲击；从南北朝后期到唐初"贞观之治"，佛教文化渗透到人们生活中，高型家具普遍被接受。诸如绳床（即椅子。随佛教一同进入汉地，有搭脑、扶手、靠背、脚踏之称）、墩（即佛座，就是菩萨的坐具，有方形、圆形、腰鼓形；有三重、五重、七重。装饰有壶门、开光、莲花图案，属印度犍陀罗风格）、胡床（一种便携式坐具，来自西北游牧民族。由八根板条构成，两根横撑在上，用绳穿成座面；两根下撑为足，中间各两根相交叉支撑，相交处以卯钉穿心为轴）、方凳（即脚踏，在汉时是登上床榻的脚垫，是从古天竺国传过来，有方凳、长凳、月牙凳）等等，均与佛教关系密切。

总之，中国古代家具源远流长，自成体系，具有强烈的民族风格，分为笨拙的商周家具、浪漫的春秋战国秦汉矮型家具、婉雅的魏晋南北朝家具、华丽的隋唐五代家具、简洁的宋元家具、精美的明清家具。明清家具将我国古代家具推上鼎盛时期。下面我们就来回顾下中国古代家具的发展概况。

◆ **魏晋南北朝与隋唐五代时期家具**

魏晋南北朝是民族大融合时期，各民族之间文化、经济的交流对家具的发展起了促进作用。此时出现的家具主要有扶手椅、束腰圆凳、方凳、圆案、长杌、橱，以及笥、簏（箱）等竹藤家具。床已明显增高，可以跂床垂足，并加了床顶、床帐和可拆卸的多折多牒围屏。坐类家具品种的增多，促

不可或缺的人造生活——产品

束腰凳

进了家具向高型的发展。至唐代，家具进入崭新时期，形成流畅柔美、雍容华贵的唐式家具风格。五代时的家具造型简洁无华，朴实大方，为宋式家具风格的形成树立了典范。总的说来，隋唐五代的家具有两个特点：一是家具进一步向高型发展，坐类家具品种增多，出现桌具。二是家具向成套化发展，种类增多，主要有坐卧类家具凳、椅、墩、床、榻等；凭椅、承物家具几、案、桌等；贮藏类家具柜、箱、笥等；架具类家具衣架、巾架；其他还有屏风等。

第二章　用途广泛的家具

◆ 宋元时期的家具

宋代是中国家具承前启后的发展时期，宋代家具以造型淳朴纤秀、结构合理精细为主要特征。宋代家具种类主要有开光鼓墩、交椅、高几、琴桌、炕桌、盆架、座地檠（落地灯架）、带抽屉的桌子、镜台等，还出现了中国最早的组合家具——燕几。主要的发展成就有：一是垂足而坐的椅、凳等高脚坐具普及民间，结束了几千年来席地坐的习俗；二是家具结构确立了以框架结构为基本形式；三是家具在室内的布置有了一定的格局；四是在结构上，壶门结构已被框架结构所代替。家具腿型断面多呈圆形或方形，构件之间大量采用割角榫、闭口不贯通榫等榫结合。柜、桌等较大的平面构件，常采用攒边的做法，即将薄心板贯以穿带嵌入

燕　几

不可或缺的人造生活——产品

漂亮的板凳

第二章　用途广泛的家具

四边边框中，四角用割角榫攒起来，不但可控制木材的收缩，而且还起到装饰作用；五是宋代家具重视外形尺寸和结构与人体的关系，工艺严谨，造型优美，使用方便。总之，绝大部分宋代家具都呈现出一种极其简约的结构，形态上表现出极其素雅的装饰风格，体现宋人以节俭、简洁的审美观念。简约、工整、文雅、清秀是宋代家具的主体风格。蒙古族创建的大元帝国，使得游牧民族的生活方式和喜好，对宋式家具造成了冲击和改造。元代家具较多地继承了辽金家具的风格，主要特点有：罗锅枨的成熟；展腿式桌与霸王枨的出现；喜用曲线造型；倭角线型的大量应用；云头转珠图案的盛行；较大的形体尺度；雄丽的雕刻风格。总的来说，元代家具形体厚重，造型饱满多曲，雕饰繁复，多用云头、转珠、倭角等线型作装饰，出现罗锅枨、展腿式等造型。

明代的家具

不可或缺的人造生活——产

◆ 明代的家具

明代家具成了流通商品，许多文人参与到室内设计、家具造型研究之中。这些都促成了明代家具的大发展。明代家具有广义、狭义之分，广义不仅包括凡是制于明代的家具，也包括近现代制品，只要是明代风格，均可称明式家具。狭义则指明代至清早期的家具。明式家具，造型求雅避俗，结构巧妙合理，充分利用木材的自然纹理，具有天然质朴的韵味。明式家具制作工艺精细合理，以精密巧妙的榫卯结合部件，大平板则以攒边方法嵌入边框槽内，坚实牢固；装饰以素面为主，局部饰以小面积漆雕或透雕，家具线条雄劲而流利；家具整体的长、宽和高，整体与局部，局部与局部的比例都非常适宜。

明代家具不仅种类齐全，款式繁多，而且用材考究，造型朴实大方，制作严谨准确，结构合理规范，把中国古代家具推向顶峰。明式家具的产地主要有北京皇家的"御用监"，民间生产中心——苏州与广州。明式家具的品种主要有凳椅类、几案类、橱柜类、床榻类、台架类等，此外有围屏、插屏、落地屏风等。明式家具多用花梨、紫檀、鸡翅木、铁力木等硬木，还有楠木、樟木、胡桃木、榆木及其它硬杂木，其中以黄花梨最好。另外明代还出现了由官方组织学者编汇的《鲁班经》，是我国家具设计的伟大著作，是对中国历代建筑与家具设计精华的总结，系统辑录了自春秋战国、秦汉魏晋、南北朝、隋唐宋元等历代工匠大师和文人的家具设计。书中介绍了机凳、交椅、学士灯椅、板凳、禅椅、琴凳、脚凳、桌、一字桌、圆桌、折桌、案桌、方桌、琴桌、棋盘桌、八仙桌、大床、凉床、藤床、禅床、橱、柜、箱、屏、香几、镜架、花架等的尺寸、卯榫结构、线脚、装饰。

第二章　用途广泛的家具

◆ 清代的家具

明清两代家具工艺高度发展，形成了各具特色的时代风格，"明式家具"和"清式家具"已成为中国古典家具界的文化名词。明及清早期家具之所以能有很高的成就，除了继承宋代的优良传统外，还有两个重要原因：一是社会稳定，经济繁荣，城镇兴起，增加了家具的需求；二是海禁开放，大量输入硬木，如黄花梨、紫檀、鸡翅木、铁梨木、榉木、瘿木等珍希木材，从而为家具提供了重要选料。清代家具多结合厅堂、卧室、书斋等不同

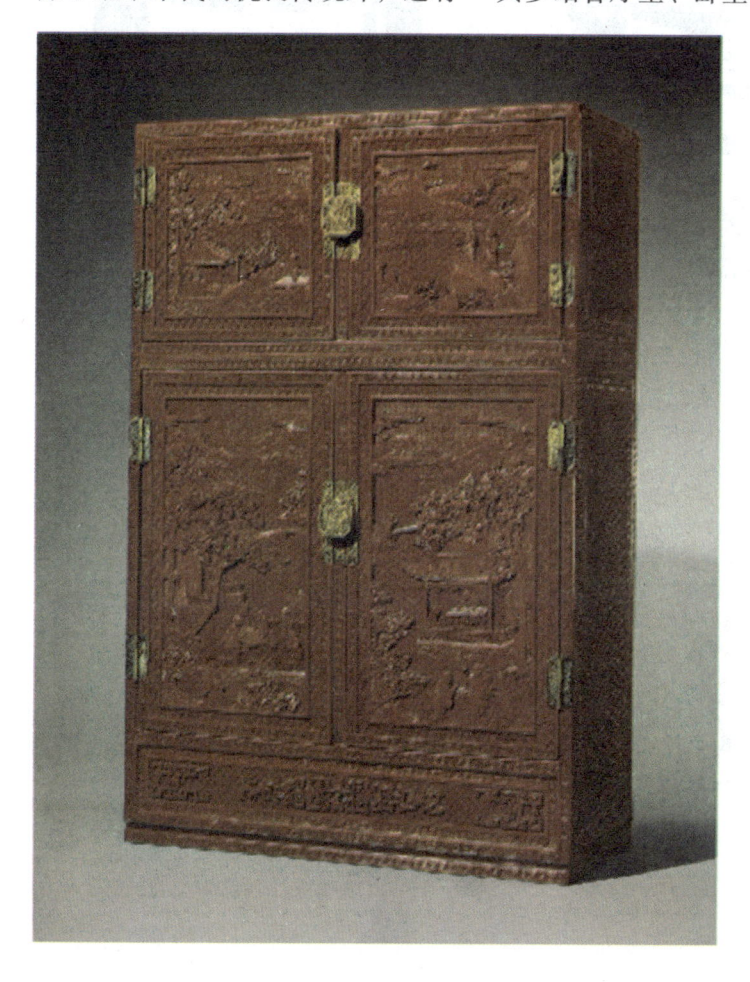

剔红云龙立柜

不可或缺的人造生活——产品

胡床　　　　　　　　　　椅子

折叠椅　　　　　　　　　床

第二章 用途广泛的家具

居室进行设计，分类详尽，功能明确。主要特征是造型庄重，雕饰繁重，体量宽大，气度宏伟，脱离了宋、明以来家具秀丽实用的淳朴气质。清代家具以雍、乾为鼎盛时期，这一时期的家具品种多，式样广，工艺水平高，最富"清式"风格。在装饰上，这一时期力求华丽，使用金、银、玉石、珊瑚、象牙、珐琅器、百宝镶嵌等不同质材，追求富丽堂皇。北京故宫太和殿陈列的剔红云龙立柜，沈阳故宫博物院收藏的螺钿太师椅、古币蝇纹方桌、紫檀卷书琴桌、螺钿梳妆台、五屏螺钿榻等，均为清代家具的精粹。

清代家具工于用榫，不求表面装饰。清代家具的装饰方法有木雕和镶嵌。木雕分为线雕（阳刻、阴刻）、浅浮雕、深浮雕、透雕、圆雕、漆雕（剔犀、剔红）；镶嵌有螺钿、木、石、骨、竹、象牙、玉石、珐琅、玻璃及镶金、银，装金属饰件等。清代家具装饰图案多用象征吉祥如意、多子多福、延年益寿、官运亨通之类的花草、人物、鸟兽等。家具构件特别是脚型变化最多，除方直腿、圆柱腿、方圆腿外，又有三弯如意腿、竹节腿等；腿的中端或束腰或无束腰，或加凸出的雕刻花形、兽首；足端有兽爪、马蹄、卷叶、踏珠、内翻、镶铜套等。清代家具种类主要有坐卧类家具太师椅、扶手椅、圈椅、躺椅、交椅、连椅、凳、机、交机、墩、床、榻，凭倚承物类家具圆桌、半圆桌、方桌、琴桌、炕桌、书桌、梳妆桌、条几（案）、供桌（案）、花几、茶几，贮藏类家具博古柜架、架格、闷心橱、书柜、箱等。其他家具还有座屏、围屏、灯架等。

清代家具作坊多汇集沿海各地，以扬州、冀州、惠州为主，形成全国三大制作中心，产品分别称为苏作、京作、广作。其中，京作

不可或缺的人造生活——

太师椅

清代家具重蜡工,以弓镂空,长于用鳔;广作清代家具重雕工,讲求雕刻装饰。总而言之,清代家具的特点主要有:一是造型厚重,形式繁多。清式家具在造型上厚重,家具的总体尺寸比明式家具要宽大,局部尺寸、部件用料也随之加大。比如清代的太师椅、三屏式的靠背等,是清式家具的典型代表。清式家具在结构上承袭了明式家具的榫卯结构,充分发挥了插销挂榫的特点,凡桌、椅、屏风,在石与木的交接或转角处,都是严丝合缝,无修补痕迹。家具的主料木材,选料精细,表里如一,无节,无伤,完整无瑕。二是用材广泛,装饰丰富。清式家具喜于装饰,颇为华丽,充分应用了雕、嵌、描、堆等

第二章 用途广泛的家具

工艺手段。雕与嵌是清式家具装饰的主要方法。雕漆在清代有福建雕漆；嵌有瓷嵌、玉嵌、石嵌、珐琅嵌、竹嵌、螺钿嵌、骨木镶嵌、骨木嵌、珐琅嵌和瓷嵌。三是充分运用骨嵌的作用。骨嵌用于家具上，是清代的创举。骨嵌的鼎盛时期是乾隆中叶，特点有：骨嵌工艺精良，拼雕工巧。工艺制作上保持多孔、多枝、多节，块小而带棱角；表现形式分为高嵌、平嵌、高平混合嵌三种；骨嵌用材多为红木、花梨等贵重木材；骨嵌题材可分为人物故事、山水风景、花鸟静物和纹样四类。

遗憾的是，清代中期以后，中国各类传统艺术以及家具，无论制作的工艺还是设计的构思，都渐入

营造学社

末途。清末民初，新贵和年轻商人追求时髦，开始选用西洋家具。进入民国，古典家具开始受到一些西方人和中国建筑学家的重视。20世纪30年代，梁思成等人创立了"营造学社"，开始收集和研究明代家具，出版了介绍中国古典家具的著作《明代黄花梨家图考》。此书在西方影响很大，西方人开始大量收购、搜集中国明清家具，从而使中华民族珍贵的民族文化又一次流失，遭受再一次的切腹之痛。

家具的材料、结构、外观和功能

一般说来，家具由材料、结构、外观形式和功能四种因素组成，其中功能是推动家具发展的动力；结构是实现功能的基础。下面我们就来说一说家具的材料、结构、外观形式和功能。

◆ 材　料

材料是构成家具的物质基础，除常用的木材、金属、塑料外，还有藤、竹、玻璃、橡胶、织物、装饰板、皮革、海绵等。家具材料的应用主要考虑：加工工艺性，比如在加工过程中，要考虑到材料受水分的影响而产生的缩胀、各向异裂变性及多孔性等；质地和外观质量，比如木材纹理自然、美观，形象逼真，手感好，易于加工、着色，是生产家具的上等材料；经济性。家具材料的经济性包括材料的价格、材料的加工劳动消耗、材料的利

第二章　用途广泛的家具

用率及材料来源的丰富性；强度，要考虑握着力、抗劈性能及弹性模量；表面装饰性能。表面装饰性能是指对其进行涂饰、胶贴、雕刻、着色、烫、烙等装饰的可行性。

◆ 结　构

结构是指家具所使用的材料和构件之间的一定组合与联接方式，是依据一定的使用功能而组成的一种结构系统。结构包括家具的内在结构和外在结构。内在结构是指家具零部件间的某种结合方式，取决于材料的变化和科学技术的发展，如金属家具、塑料家具、藤家具、木家具等都有自己的结构特点。家具的外在结

藤家具

构直接与使用者相接触，是外观造型的直接反映，因此在尺度、比例和形状上都必须与使用者相适应，按这种要求设计的外在结构，为家具的审美奠定基础。

现。家具的外观依附于其结构，特别是外在结构。家具的外观形式能发挥审美功能，产生一定的情调氛围，形成一定的艺术效果，给人以美的享受。

◆ 外观形式

家具的外观形式直接展现在使用者面前，是功能和结构的直观表

◆ 功　能

任何一件家具都是为了一定的目的而设计制作。因此功能构成

板式结构衣柜

了家具的中心环节。在进行家具设计时，首先应从功能的角度出发，对设计对象进行分析，由此来决定材料结构和外观形式。一般而言，家具的功能包括技术功能、经济功能、使用功能与审美功能。

藏衣储物的柜类家具

柜类家具主要是衣柜，大衣柜是柜内挂衣空间深度不小于530毫米，挂衣棍上沿至底板内表面距离不小于1400毫米，用于挂大衣及存放衣物的柜子；可分为板式结构衣柜，框架结构衣柜两大类。其中，板式结构衣柜是由不同规格尺寸的双饰面板材组合而成，主要由面板、背板、侧板、脚线、门板构成。其中柜体内包含各种特色小部件，如拉蓝、L架、裤架、推拉镜、格子架、层板。框架结构衣柜是由立柱与板材组合而成。立柱主要由铝锭压铸而成。框架衣柜一般采用欧洲流行的菱形方式卡位连接，可自由调节高低和随意改动层板，滑槽不留丝毫痕迹，适合不同季节因服装变化因致所需要的收纳空间的变化。各种不同功能的配件设计，增加了分类的灵活性，便于衣物的归类，使整个放置井井有条。

除大衣柜之外，家具中的重要柜类家具是床头柜。床头柜是近代家具中设置床头两边的小型立柜，可供存放杂品用。造型与床边柜相仿。床头柜是卧房家具中的小角色，它一左一右衬托着卧床。一直

以来，床头柜收纳一些日常用品，放置床头灯。贮藏于床头柜中的物品，大多为了适应需要和取用的物品如药品等，摆放在床头柜上的多是为卧室增添温馨的气氛的，如照片、小幅画、插花。随着床的变化和个性化壁灯的设计，床头柜的款式也随之丰富，装饰作用显得比实用性更重要。同时，床头柜的功能也逐渐在设计上体现，如加长型抽屉式收纳床头柜，这种床头柜带有左右并列四个抽屉，可以移动位置；可移动的抽屉式床头柜配有脚轮，移动非常方便。

柜类家具的品种还有：小衣柜，即柜内挂衣空间深度不小于530毫米，挂衣棍上沿至底板内表面距离不小于900毫米，用于挂短衣及存放衣物的柜子；书柜，即放置书籍、刊物等的柜子；文件柜，即放置文件、资料的柜子，有卷柜、宗卷柜，还有有喷塑亚光玻璃移门低柜、喷塑亚光开门玻璃柜、喷塑亚光双门双节文件柜、喷塑亚光二斗移门组合柜等；食品柜，即放置食品、餐具等的柜子；行李柜，即放置行李箱包及存放物品的低柜；电视柜，即放置影视器材及存放物品的多功能柜子；陈设柜，即摆设工艺品及物品的柜子；厨房家具，即用于膳食制作，具有存放及储藏功能的橱柜；实验柜，即用于实验室、实验分析的柜子。

第二章 用途广泛的家具

餐　桌

摆物聚餐的桌类家具

桌类家具主要指餐桌。餐桌是专供吃饭用的桌子。餐桌的形状对家居的氛围有一些影响。长方形的餐桌更适用于较大型的聚会；而圆形餐桌令人感觉更有民主气氛；不规则桌面的，如像一个"逗号"形状的，则更适合两人小天地使用；显得温馨自然；另有可折叠样式的，使用起来比固定式的灵活。餐桌是需要烘托的。为了要显出它独

特的风格，可选择不同的桌布，如简朴的麻质桌布表现出一种传统风味，鲜艳明亮的桌布则能令人感到一种欢快活泼的气息。另外，餐桌上方配以合适的灯具，既能让人领略美食的"色"之美，又能营造出一种迷人的氛围。

　　餐桌的选择首先要确定用餐区的面积有多大。不论是具有专门的餐厅还是客厅、书房兼任餐厅的功能，均要确定所能占用的用餐空间的最大面积是多少。如果房屋面积很大，有独立的餐厅，则可选择富于厚重感觉的餐桌以和空间相配；如果餐厅面积有限，就餐人数并不确定，可选择最常见的款式——伸缩式餐桌，即中间有活动板，平时不用时收在桌子中间或拿下来。面积有限的小家庭，可以让一张餐桌担任多种角色，如既可以当写字台，又可以当娱乐消遣的麻将台等。其次，可根据居室的整体风格来进行选择。居室如果是豪华型装修的，则餐桌应选择相应款式，如古典气派的欧式风格；如果居室风格强调简洁，则可考虑购买一款玻璃台面简洁大方的款式。另外，老餐桌也不一定非得丢掉，只要在上面铺上一块色泽与装修协调的桌布，另有一份雅致。

　　桌类家具还有：写字桌，即用于书写、办公使用的桌子；梳妆桌，即指用来化装的家具装饰；会议桌，即供会议使用的桌子；折桌，即旧时北方风俗，亲友前往祭奠死者，须携带三牲或果品祭供于灵前；阅览桌，即供阅览报刊杂志、文件资料使用的桌子；课桌，即为学生所用的课桌。从最早的学堂里的八方桌开始，学堂桌子统一为课桌。如今的课桌主要分为三类：实木课桌，由实木加工成的单人课桌、双人课桌，逐渐被钢塑结构的可调试课桌取代。升降课桌，又名可调试课桌，课桌凳的高度可调，通过桌腿的相关固件在滑轴之

第二章 用途广泛的家具

间上下调节来起到调节课桌高度。主要为钢塑结构，桌面为三聚氰胺板，桌腿为钢管件，相关连接地面部分有塑料帽保护。橡塑课桌，主要采用橡塑合金材料，经机械模压成型校用课桌椅，多为固定结构，高度不可调，耐用轻便。

风度文雅的茶几家具

茶几是入清之后开始盛行的家具。从明代绘画中所见，当时的香几兼有茶几的功能，到了清代，茶几才从香几中分离出来。

清康熙嵌螺旋香几

不可或缺的人造生活——产

一般来讲，茶几较矮小，有的还做成两层式，与香几比较容易区别。清代茶几较少单独摆设，往往放置于一对扶手椅之间，成套陈设在厅堂两侧。通常情况下是两把椅子中间夹一茶几，用以放杯盘茶具，故名茶几。由于放在椅子之间成套使用，所以茶几家具的形式、装饰、几面镶嵌、所用材料、色彩等，多随着椅子的风格而定。茶几分方形、矩形两种，高度与扶手椅的扶手相当。

茶几家具的类别主要有：香几，顾名思义，香几是为供奉或祈祷时置炉焚香用的一种几，也可陈设老式表盒。香几的使用大多成组或成对，个别也有单独使用。《遵生八笺·燕闲清赏》中关于

玉 几

第二章 用途广泛的家具

香几的描述很详细:"芍室中香几之制有二,高者二尺八寸,几面或大理石、玛瑙石,或以骨柏楠镶心,或四、八角,或万,或梅花,或葵花、慈菇,或圆为式,或漆,或水磨渚木成造者,用以阁蒲石,或单玩美石,或置香盘,或置花尊以插多花,或革置一炉焚香,此高几也。"香几的式样之多,有高矮之别,且不专为焚香,也可别用,如摆放各式陈设、百玩之类;木制茶几,木制茶几的天然材质,产生与大自然的亲近感,色调温和、工艺精致,适合与沉稳大气的沙发家具相配;玻璃茶几,玻璃茶几分两种,一种是热弯玻璃,高温热弯后钢化,有优美的弧度外形,茶几全身均为玻璃;另一种是台面为钢化玻璃,辅以造型别致的仿金电镀配件以及静电喷涂钢管、不锈钢等底架,典雅华贵、简洁实用;藤竹茶几,其显示出自然主义的倾向,风格沉静古朴,适合木质沙发或藤质沙发,以配套家具。

方便休憩的坐具家具

佛教对中国家具文化有深厚的影响。今天使用的许多家具,是随着佛教传播到中国来的。从东汉到南北朝,大量天竺国高型家具进入汉地,华夏民族席地而坐的起居方式受到严重冲击;从南北朝后期到唐初"贞观之治",佛教文化渗透到人们生活中,高型家具普遍被接受。诸如绳床(即椅子。随佛教一同进入汉地,有搭脑、扶手、靠背、脚踏之称)、墩(即佛座,就是菩萨的坐具,有方形、圆形、腰

不可或缺的人造生活——产

鼓形；有三重、五重、七重。装饰有壸门、开光、莲花图案，属印度犍陀罗风格）、胡床（一种便携式坐具，来自西北游牧民族。由八根板条构成，两根横撑在上，用绳穿成座面；两根下撑为足，中间各两根相交叉支撑，相交处以卯钉穿心为轴）、方凳（即脚踏，在汉时是登上床榻的脚垫，是从古天竺国传过来，有方凳、长凳、月牙凳）等等，均与佛教关系密切。

在坐具家具中，席是我国最古老的坐具之一。起初是作为防虫防潮，日夜坐卧的用具。周朝时，天子、诸侯朝觐、祭天、祭祖的重大政治活动以及士庶婚丧、讲学、日常起居等都要在席上进行。周朝时设五席即"莞、缫、次、蒲、熊"。莞席用一种俗称水葱的莞草制作；缫席以蒲草染色编成花纹，或以五彩丝线夹于蒲草之中编成五彩花纹席；次席用桃枝竹编成竹席；蒲席由一种生于池塘的水草编成；熊席则是天子四时狩猎或出征时专用，除熊皮外也可用其它兽皮。下面我们重点说一说现代坐具家具中的沙发。

"沙发"是个外来词，根据英语单词sofa音译而来，就是坐具，以前叫凳子，现在用外裹真皮及合成皮，构架是用木材或钢材内衬棉絮及其他泡沫材料等做成的椅子，整体比较舒适，是中国目前常用的现代家具之一。沙发的起源可追溯到公元前2000年的古埃及，但真正意义的软包沙发出现于16世纪末至17世纪初。当时的沙发主要用马鬃、禽羽、植物绒毛等天然的弹性材料作为填充物，外面用天鹅绒、刺绣品等织物蒙面。如当时欧洲普遍流行的华星格尔椅，即是最早的沙发椅之一。中国的沙发首推汉代的"玉几"。《西京杂记》中描绘的缚有厚层织物的坐具"玉几"，

第二章　用途广泛的家具

可看作是中国沙发的"祖先"。

沙发按风格分为：美式沙发（强调舒适性，让人坐在其中感觉像被温柔地环抱住一般。全部由主框架加不同硬度的海绵制成。而许多传统的美式沙发底座仍在使用弹簧加海绵的设计）、日式沙发（强调舒适，自然，朴素。最大的特点是成栅栏状的木扶手和矮小的设计）、中式沙发（强调冬暖夏凉，四季皆宜，特点在于整个裸露在外的实木框架。上置的海绵椅垫可以根据需要撤换）、欧式沙发（强调线条简洁，适合现代家居，特点是富于现代风格，色彩比较清雅、线条简洁，适合大多数家庭选用，流行白色、米色）。

另外还有种休闲沙发椅，包括皮制、布艺、金属、藤制以及实木等。如今线条简明、或透明或色彩跳跃的休闲椅，越来越受到年轻人的青睐。休闲椅主要包括：布艺休闲椅，顾名思义是由各种不同布艺所制成的休闲椅，分为欧美乡村风格、现代时尚风格，以及新古典风格。现代时尚风格的布艺休闲椅一般造型简约，充满艺术感。欧美乡村风格的休闲椅由布艺和实木框架构成，具有朴素、自然的韵味。藤

明代"胡床"

不可或缺的人造生活——产DD

制休闲椅，主要以藤为原材料，造型上结合中西家具风格，是主人文化品位的象征。藤制休闲沙发椅作为最古老的家具之一，凭借天然、环保，冬暖夏凉的特性深得广大消费者的喜爱。藤制休闲椅适宜摆放在阳台、卧室、书房内。

中华本色的椅子

古代席地而坐，原没有椅子，"椅"本是木名。《诗经》有"其桐其椅"，"椅"即"梓"，是一种树木的名称。据文籍记载，椅子的名称始见于唐代，而椅子的形象则要上溯到汉魏时传入北方的胡床。敦煌第285窟壁画就有两人分坐在椅子上的图像；第257窟壁画中有坐方凳和交叉腿长凳的妇女。另外，龙门莲花洞石雕中有坐圆凳妇女。这些图像生动地再现了南北朝时期，椅、凳在仕宦贵族家庭中的使用情况。尽管当时的坐具已具备了椅子、凳子的形状，但因其时没有椅、凳的称谓，人们习惯称为"胡床"。同时，在寺庙内，"胡床"常用于坐禅，又称禅床。唐代以后，椅子的使用逐渐增多，椅子的名称也被广泛使用，才从床中分离出来。

椅、凳均源于从汉魏时的胡床。凳是没有靠背的一种坐具，原来设在床前，需随床形，所以应是长方形，和现代的板凳相似。明代以后，凳的种类式样渐渐增多，如有方凳、梅花凳、圆凳等。现代的椅子主要有：转椅，即上半部分与一般椅子的式样并无多大差异，惟座面下设有一种称谓"独梃腿"的转轴部分，故人体座靠时可随意左右转动。转椅是中国家具较早吸收外来式样的一种坐椅；课椅，即学生上课用的椅子；公共座椅，即公共场所内使用的坐具；折椅，即可折叠的椅子。

另外还有扶手椅，即有扶手的背靠椅的统称，除了圈椅、交椅外，其余的都叫扶手椅。其式样和装饰有简单的也有复杂的，常和茶几配合成套，以四椅二几置于厅堂明间的两侧，作对称式陈列；按摩椅，按摩椅的原理就是模仿人工按摩，只不过它是利用机械的滚动力和机械力挤压来进行按摩的。按摩椅能根据人体曲线沿脊柱采用摇摆、指压、捏拿、推揉等多种按摩手法进行深层按摩。当人坐在按摩椅上享受全身放松的乐趣时，就好像有人在为他们捶背、揉肩一样。按摩能够疏通经络，使气血循环，保持机体的阴阳平衡，所以按摩后可感到肌肉放松、关节灵活，使人精神振奋、消除疲劳，对保持身体健康有重要作用。

安眠入睡的床类家具

床是供人躺在上面睡觉的家具。在古代，床是供人坐卧的器具。原始社会生活简陋，睡觉只是铺垫植物枝或兽皮等，掌握了编织技术后就铺垫席子。席子出现后，床随之出现，商代已有床。最早的床是在信阳长台关一座大型楚墓中发现的，上刻绘着精致的花纹，周围有栏杆，下有6个矮足，高仅19厘米。春秋以

不可或缺的人造生活——产品

雪橇床

来，人们写字、读书、饮食都在床上放置案几。晋代著名画家顾恺之的《女史箴图》中所画的床，高度已和今天的床差不多。另外还出现四足的高床。但床仍未成为睡卧的专用家具。唐代出现桌椅后，人们生活饮食都是坐椅就桌，不再在床上活动。床退而成为专供睡卧的用品。19世纪20年代出现弹簧床，19世纪后期金属床出现。

床的种类主要有：平板床，由床头板、床尾板、加上骨架为结构，是最常见的式样。具流线线条的雪橇床，是其中最受欢迎的式样；四柱床，最早来自欧洲。古典风格的四柱上，有代表不同风格时期的繁复雕刻；双层床，即上下铺

第二章　用途广泛的家具

设计的床，是一般居家空间最常使用的；日床，外型类似沙发，却有较深的椅垫，供白天短暂休憩之用。日床通常摆设在客厅或休闲视听室，而非卧室。另外床还有：双人床，可以容纳2个人甚至更多的人使用，通常长可达2米，宽达1.8米；单人床，即床面宽度不小于720毫米的床；童床，即供婴儿、儿童使用的小床；折叠床，即可折叠的床。

床的重要辅助设备有床垫，是以弹性及软质衬垫物为内芯材料，表面罩有纺织面料或软席等其它材料制成的卧具。知名床垫品牌有：路易·安妮，是来自法国名师LOUIS家族，工艺精湛、臻善至美，是欧洲上流社会及各国政要卧室的必然之选，有皇室、皇者、贵族、优雅、卓越、小天使等系列；爱蒙，采用独特的高品质布料，配合精致设计，特殊的花纹缔造时尚和高贵的气质，确保防菌、防潮及舒适度。它的系列均以美国城市命名，如亚特兰大、纽约、波士顿、休斯敦等；梦甜甜，始于1922年，创于法国，采用澳大利亚进口羊毛、欧洲原木、日本七孔弹力棉、

最早的床

从而造就出华美绝伦的梦甜甜软床。梦甜甜的七区感应床垫根据人体工程学原理，将床垫细分为头、肩、背等七个区域，针对人体各部位不同的下压重量，提供相对应的支撑力度及贴合曲线。它的床架采用"排骨架"，可保证睡床的良好通风，让人感到舒适松弛。

储藏物品的箱架类家具

储藏物品的箱架类家具主要就是衣箱、书架。下面我们来分别加以介绍。

◆ 衣　箱

是存放衣物的箱子。作为家具的箱子有两种形式：一种是固定式

高档樟木箱

的衣箱，用各种木板制成，盖、底、框用榫卯结合。另一种衣箱是手提箱，体积一般小于固定式木衣箱，箱上装有提把手，搬运携带方便，较大的手提箱装有滚轮，便于移动或携带。现代手提箱用材有木材、皮革、人造革、化纤织物、帆布、藤条、塑料等。固定式木衣箱中较名贵的是香樟木制成的樟木箱，材质坚实，纹理美观，具有浓郁的香味，能防虫蛀服装。樟树又名女儿树。香樟木能够散发出特殊的浓郁的香气，经年不衰，这种香气能防虫防蛀、驱霉隔潮。羊毛、羊绒、丝绸、棉麻、羽绒等高档衣物，邮票、字画、书籍等收藏品放入其中，不但不虫不蠹不发霉，而且气味芳香，沁人心脾。高档樟木箱的箱顶和周围，均雕刻有图案或镶嵌玉石；油漆后，正面安装铜扣件，配上民族形式的吊锁，有的两侧装有铜提环，是具有中国传统民族风格的工艺品。

第二章　用途广泛的家具

◆ 书　架

广义上是指人们用来专门放书的器具。由于形态、结构的不同，又有书格、书柜、书橱等，是生活中的普遍用具。早期虽有了书未必有书架，随着发展，人类会把书放在固定方便的架子上，因此可以推测，战国架几案等简单的家具便是书架的雏形。明代是中国家具发展的顶峰时期，明代的家具达到了意匠美、材料美、结构美、工巧美、装饰美的审美特征。材料主要有花梨、紫檀、杞梓（鸡翅木）等。硬质木料坚实耐用，具有天然的质感和色泽、纹饰、肌理、气味等。工艺精致、线条自然、装饰少而精美。明式家具的风格特色可用"简、厚、精、雅"四字概括。因此当时的书架造型几近完美。进入清代，由于贵族的奢华与高贵的追求，家具也是繁琐风格，装饰上富丽堂皇。到了现代，新技术、新材料、新装饰风格、新理念等，在书

不可或缺的人造生活——产品

书 架

架上都有所体现，出现了迎合不同顾客需求的书架。书架大体上有独立式、倚墙式、嵌入式、隔板式、悬挂式、入墙式等各种书架。

第二章　用途广泛的家具

知识百花园

美丽的花架

　　花架是指用刚性材料构成一定形状的格架供攀缘植物攀附的园林设施，又称棚架、绿廊。花架可作遮荫休息之用，可点缀园景。花架设计要了解所配置植物的原产地和生长习性，以创造适宜于植物生长的条件和造型的要求。现在的花架一方面供人歇足休息、欣赏风景；一方面创造攀援植物生长的条件。花架是最接近于自然的园林小品。花架的形式有廊式花架、片式花架、独立式花架。花架常用的建筑材料有竹木材、钢筋混凝土、石材、金属材料。花架可应用于各种类型的园林绿地中，

花　架

常设置在风景优美的地方供休息和点景，也可以和亭、廊、水榭等结合，组成外形美观的园林建筑群；在居住区绿地、儿童游戏场中花架可供休息、遮荫、纳凉；用花架代替廊子，可以联系空间；用格子垣攀缘藤本植物，可分隔景物；园林中的茶室、冷饮部、餐厅等，也可以用花架作凉棚，设置坐席；也可用花架作园林的大门。最流行的是一种仿木花架，以其自然逼真的表现，给文化广场、公园、小区增添浓厚的艺术气息。

秀美神韵的屏风

屏风，即"屏其风也"，是古时建筑物内部挡风用的一种家具。屏风开始是专门设计于皇帝宝座后面的，称为"斧钺"。它以木为框，上裱绛帛，画了斧钺，成了帝王权力的象征。《史记》中记载："天子当屏而立"。后来屏风开始普及到民间，走进寻常百姓家。屏风有着悠久的历史，在西周早期就已开始，称为"邸"。最初是为了挡风和遮蔽之用。汉唐时期，几乎有钱人家都使用屏风。其形式由原来的独扇屏发展为多扇屏拼合的曲屏，可叠，可开合。汉代以前屏风多为木板上漆，加以彩绘，自造纸术发明以来，多为纸糊。明代出现了挂屏，成为纯粹的装饰品。

屏风作为传统家具，历史由来已久。起初先祖的家居陈设是非常简洁的，随着物质生活逐渐丰富起来，审美观念发生了巨大变化，于是屏风应运而生。屏风最早大多放在床后、床侧，式样和助能不断出现各种变化。屏风一般陈设于室内的显著位置，起到分隔、美化、挡风、协调等作用。它与古典家具相

第二章 用途广泛的家具

插 屏

互辉映，相得益彰，浑然一体，成为家居装饰不可分割的整体。屏风的制作形式主要有立式屏风、折叠式屏风。后来出现纯粹作为摆设的插屏。

古时，王侯贵族的屏风制作非常讲究，用云母、水晶、琉璃、象牙、玉石、珐琅、翡翠、金银等贵

重物品。民间的屏风制作大都实用朴素。自魏晋以来，屏风大盛。古人是对屏风情有独钟。因为它既有美学价值又有实用价值。它的美学价值除了体现在屏风自身的工艺技巧上，就是在屏风上作画题诗，赋予屏风以新的美学内涵。古人在屏风上绘画题诗，以山水画为最早，屏风当中绘有山水图案。屏风画的题材包括山水、人物、花鸟、博古、书法等。后来屏风画流传至日本，影响到日本的"浮世绘"。

史传，唐太宗曾将他的治国之道书之屏风，以自勉警人。古人还喜欢把功名赫赫的帝王将相、极具清名的节妇烈女的事迹画在屏风上，以起到歌颂传扬、说教警诫的作用。屏风的种类有地屏风、床上屏风、梳头屏风、灯屏风等；以质地分为玉屏风、雕镂屏风、琉璃屏风、云母屏风、绨素屏风、书画屏风等。屏框除了传统用木、竹制作外，现代屏风还采用金属、铝合金作骨架。屏芯多用尼龙、皮革、塑料、彩绸等材料，具有清新简洁的特点。有些小尺寸的围屏，可设于炕上作装饰，称为炕屏。

屏风按结构可分为座屏风、围屏。座屏风，即由插屏和底座两部分组成。插屏可装可卸，用硬木作边框，中间加屏芯。大部分屏芯多用漆雕、镶嵌、绒绣、绘画、刺绣、玻璃饰花等作表面装饰。底座起稳定作用，其立柱限紧插屏，站牙稳定立柱，横座档承受插屏。底座除功能上需要外，还可起装饰作用，一般常施加线形和雕饰。座屏风按插屏数分为独扇、三扇、五扇等。围屏，即由偶数屏扇组成，可折叠。一般扇数为4、6、8扇，多至12扇。屏扇多以锯齿形放置在地面。围屏由屏框和屏芯组成，也有采用无屏框的板状围屏，每扇之间用屏风绞链连接。此外还有一种放在桌、案上作陈设品的小屏风，又称为砚屏、台屏。

塑造空间的隔断

隔断即是分隔室内空间的装修件，大体可分全隔型和半隔型两类，有板壁、屏门、碧纱橱、太师壁、罩、博古架等多种形式。此外还有用木骨架、中间用编竹网片填心、内外抹灰泥的隔断，为南方常用。隔断的应用，形成中国室内装饰和空间形式的独特风格。塑造空间的隔断可以细分为全隔型隔断、半隔型隔断两大类。其中，全隔型隔断，即完全遮断室内空间的隔断，其包括板壁、照壁屏风。其中，板壁即用作分间的隔断，宋代称截间板帐。上下横向用额和地栿，两者之间竖向装板，板缝加压条。高大的隔断中间加一腰串。清代一般不用腰串，板缝不加压条，北方在板外糊纸，南方在板面涂漆。照壁屏风即用在明间后金柱之间，正对正门，有整块的和分四扇的。宋代做成方格框，内外糊纸或装裱书画。清代多用木板壁或四扇木板屏门，有的在板上刻字画，颇具装饰功能。

半隔型隔断，即部分通透的隔断。有两类：一是上部做透空格眼，如截间格子、碧纱橱等；二是局部或大部通透，只作示意性限隔和划分室内空间，如罩、格、博古架等。其中，截间格子的格心花纹多用四直四斜毬纹。宋至明代殿堂中先用纵横木枋把需隔部分分成上下两层，然后在上层竖分两格，各装透空格心，下层竖分三格，格内填板。还有一种中间装两扇可开闭的格子门，上方和两侧装固定格

半隔型隔断

眼,叫作截间带门格子;碧纱橱是明清时截间格子发展成用作室内分间隔断的槅扇,一般为六扇、八扇甚至十二扇,通常只开中央两扇,并装帘架。这种隔断全部撤去后全室就成为敞厅。碧纱橱格心多用灯笼框,清代往往在框内装裱书画;裙板、绦环板上多雕花或贴花板。清代宫廷中有用红木紫檀制作并镶嵌玉器、景泰蓝等高级装饰物。太师壁,即用在明间的后侧金柱间,通常装在门屏的位置。它与全部封闭的门屏不同处是:两旁对称开两小门,只中间装板壁,编竹抹泥墙,或下面装板,上面加格子。有的在最上部设神龛。太师壁常见于南方。罩的使用大约始于明代,盛于清代。罩,即只在上部或两侧作示意性限隔,中间敞开的隔断称罩。可作间与间之间的横向分隔,有时也可作后金柱间沿进深方向的分隔。

第三章 现代家电

不可或缺的人造生活——产品

家电即家用电器，简称家电，是指以电能、天然气或液态瓦斯驱动（或以机械化动作）的用具，可帮助执行家庭杂务，如炊食、食物保存或清洁，除了家庭环境外，也可用于公司行号或工业环境。家用电器分为大型家电和小家电。国外通常把家电分为4类：白色家电、黑色家电、米色家电和新兴的绿色家电。白色家电，即指可以替代人们进行家务劳动的产品包括洗衣机、冰箱等，或是为人们提供更高生活环境质量的产品，如空调、电暖器。黑色家电，是指可提供娱乐的产品，如DVD播放机、彩电、音响、游戏机、摄像机、照相机、电视游戏机、家庭影院、电话、电话应答机等。米色家电，是指电脑信息产品。绿色家电，是指在质量合格的前提下，可以高效使用且节约能源的产品。而且绿色家电在使用过程中不对人体和周围环境造成伤害，在报废后还可以回收利用。本章我们就来介绍一下摩登现代的家电产品。

第三章　现代家电

家用电器简述

　　家用电器，简称家电，是指以电能、天然气或液态瓦斯驱动（或以机械化动作）的用具，可帮助执行家庭杂务，如炊食、食物保存或清洁，除了家庭环境外，也可用于公司或工业环境。家用电器分为大型家电和小家电。大型家电体积较为宽大，不易运送且较常固定摆放在一个位置，此外也可能因其耗电量较大而需要有特殊的装置或插头来供应电力。大型家电可分为"白色家电"和"黑色家电"。白色家

空　调

不可或缺的人造生活——产品

电即用来满足、提升基本生活功能的大型家电，如空调、冷气机、冰箱、冰柜、洗衣机、烘干机、洗碗机、消毒柜、电炉、电烤箱、微波炉、电热水器；黑色家电是用来提供影音视听娱乐功能的家电，如电视机、录像机、影碟机、游戏机、家庭音响、便携式摄像机、电话、电话答录机。

小家电指的是体积较小便于携带，或是用在桌面上以及其他平台上的家用电器。与黑色家电不同的是，它们能够帮助改善室内的状况，如湿度等。小家电需要电力驱动，所以都会带有一个插头用来连接插座，有些甚至有电力储存的装置，另外也有一些手持式的家电是利用电池供应电能。某些家电会有马达装置，如搅拌器、食物调理机或果汁机。常见的小家电主要有电动剃须刀、除毛器、电熨斗、电饭煲、烤面包机、电动牙刷、吸尘器、搅拌机、食物调理机、榨汁机、电吹风、除湿机、加湿机、缝纫机、电风扇、电暖器。

在国外通常把把家电分为4类：白色家电、黑色家电、米色家电和新兴的绿色家电。白色家电指可以替代人们进行家务劳动的产品包括洗衣机、冰箱等，或者是为人们提供更高生活环境质量的产品，像空调、电暖器；黑色家电是指可提供娱乐的产品，比如：DVD播放机、彩电、音响、游戏机、摄像机、照相机、电视游戏机、家庭影院、电话、电话应答机等；米色家电指电脑信息产品；绿色家电，指在质量合格的前提下，可以高效使用且节约能源的产品，绿色家电在使用过程中不对人体和周围环境造成伤害，在报废后还可以回收利用的家电产品。

著名的国外家电品牌有通用电气、西屋、惠而浦、伊莱克斯、西门子、飞利浦、赛博、索尼、三菱电机、日立、东芝、三洋、大金、声宝、三星、乐金；我国的著名家电品牌有大同、东元、歌林、声宝、尚朋堂、禾联、艾美特、海尔、长虹、TCL、海信、康泉、格兰仕、小天鹅、万利达、夏新、康佳、科龙、美的、新科、格力、春兰、万和、熊猫电子、创维、威马。

话说黑色家电

黑色家电的起源最早来源于采用珑管显示屏的电视机，最外面有一圈黑色的边缘。由于黑褐色的外壳最不容易让消费者产生视觉反

电 视

差，同时采用黑色的机身更容易散发热量，之后电视及其周边设备如家用游戏机、录像机等也由于散热以及与电视产品搭配等原因，往往也被设计成黑色。于是人们就开始把能够带给人们娱乐、休闲的家电称为黑色家电。从技术来讲，黑色家电更多的是通过电子元器件、电路板等将电能转化为声音或者图像或者其他能够给人们的感官神经带来享受的产品。下面我们就来介绍其中的电视。

1930年至1940年，是电视成型的时代，电视已开始逐渐成为一种大众传播媒介。但由于第二次世界大战的爆发，各国对电视的研究发展受到极大影响，几乎中断。直到第二次世界大战结束以后，电视事业才开始在美国及其他国家蓬勃兴起。1940年，美国古尔马研制出机电式彩色电视系统。1949年12月17日，开通使用第一条设在英国伦敦与苏登·可尔菲尔特之间的电视电缆。1951年，美国H·洛发明三枪荫罩式彩色显像管，洛伦斯发明单枪式彩色显像管。

1946年美国第一次播出全电子扫描电视，电视进入电子扫描时代。战后，美国新设的电视台如雨后春笋。至1948年底，电视台增加到41家，电视接收机的产量也达到100万台。1964年，美国的彩电更是畅销，当年销售了124万台，几乎是过去十年的总和，使彩电的总数，一下子高达286万台之多。至1966年，全美彩色电视机超过了1000万台，USA的彩电普及运动就此完成。

电视的前景主要依据电视节目制作。电视节目制作的前进方向有两个：一是更加真实。即更加真实地还原事件本身。例如，CNN在新闻事件中大量的直播运用就是其中的一种体现。另一个是更加的戏剧化，如FOX NEWS在节目中就用大量戏剧化的语言。此外还有节目窄

第三章 现代家电

播化、频道专业化等。总之，在技术越来越先进的今天，电视会作为一种工具正在更多地被国家所重视、推广与使用。

电视从使用效果和外形来粗分为4大类：平板电视（等离子、液晶和超薄壁挂式DLP背投）、CRT显像管电视（纯平CRT、超平CRT、超薄CRT等）、背投电视（CRT背投、DLP背投、LCOS背投、液晶背投）、投影电视。平板电视的优点是相当薄，可以挂在墙壁上观看，显示屏可以做到很大；缺点就是可视角度、反应速度等受

投影电视

电视是一种技术，也是一种文化。其文化层面面临着其他新兴媒体（如网络）的挑战。但电视作为一种技术将会有很大的发展。电视技术在未来将更加广泛地与其他技术结合，从而充分方便人们的生活。例如，电视技术和移动通信技术的结合就使得手机电视成为可能。而英国广播公司将电视技术和互联网有机结合在一起，即变成了一个巨大的影象资料库，使其互动能力走在了世界媒体的前列。如今电视被认为是提升一个国家软实力的很好工具，这种趋势正在愈演愈烈。

到一定限制，价格极贵。CRT显像管电视优点是各个方面都很优秀（亮度、对比度都很高，可视角度大、反应速度快，色彩还原也很好），但屏幕最大也就是34英寸，并且很厚很笨重，还费电。背投分为CRT背投、DLP背投、LCOS背投、液晶背投。传统CRT背投已被数字背投（DLP背投、LCOS背投、液晶背投）取代。DLP光显背投是真正的数字电视。液晶背投由于发热量高，灯泡寿命短等问题稍显逊色。投影电视就是投影仪的民用版，通常装在家里，可用来看电影。

说说白色家电

在国外通常把把家电分为4类：白色家电、黑色家电、米色家电和新兴的绿色家电。白色家电指可以替代人们进行家务劳动的产品包括洗衣机、冰箱等，或者是为人们提供更高生活环境质量的产品，

第三章　现代家电

威利斯·哈维兰德·卡里尔设计的一站分空调

像空调、电暖器。接下来我们就来说一说白色家电中的空调。被称为制冷之父的英国发明家威利斯·哈维兰德·卡里尔于1902年设计并安装了第一部空调系统。美国纽约的一个印刷商发现温度的变化能够造成纸的变形，从而导致有色墨水失调，该空调系统就是为他设计的。卡里尔的专利1906年得到注册。

1902年7月17日，才从康奈尔大学毕业一年的威利斯·哈维兰德·卡里尔，在"水牛公司"工作时，发明了冷气机。但最初发明冷气机的目的，并不是为人们带来舒适的生活环境，而是为一些死物服务。水牛公司的其中一个客户——纽约市沙克特威廉印刷厂，它的印刷机由于空气的温度及湿度变化，使纸张扩张及收缩不定，油墨对位不准，无法生产清晰的彩色印刷品。于是求助于水牛公司。卡里尔心想既然可以利用空气通过充满蒸

131

不可或缺的人造生活——产

气的线圈来保暖，何不利用空气经过充满冷水的线圈来降温？空气中的水会凝结于线圈上，如此一来，工厂里的空气将会既凉爽又干燥。

1902年7月17日，空调的时代就由这印刷厂首次使用冷气机而开始。很快，其它的行业如纺织业、化工业、制药业、食品甚至军火业等，亦因空调的引进而使产品质量大大提高。1907年，第一台出口的空调，买家是日本的一家丝绸厂。1915年，威利斯·哈维兰德·卡里尔成立了一家公司。但空调发明后的20年，享受的一直都是机器，而不是人。直到1924年，底特律的一家商场因天气闷热而有不少人晕倒，而首先安装了三台中央空调，此举大大成功，凉快的环境使得人们的消费意欲大增，自此，空调成为商家吸引顾客的有力工具，空调为人服务的时代，正式来临。

空调的功能主要有：（1）降温。空调器一般允许将温度控制在16℃~32℃之间。如若温度设定过低时，一方面增加不必要的电力消耗，另一方面造成室内外温差偏大时，人们进出房间不能很快适应温度变化，容易感冒。（2）除湿。空调器在制冷过程中伴有除湿作用。人感觉舒适的环境相对湿度应在40%~60%左右。（3）升温。热泵型与电热型空调器都有升温功能。升温能力随室外环境温度下降逐步变小，若温度在-5℃时几乎不能满足供热要求。（4）净化空气。空气中含一定量有害气体如NH_3、SO_2等，以及各种汗臭、体臭和浴厕臭等臭气。空调器净化方法有换新风、过滤、利用活性碳或光触媒吸附和吸收等。其中换新风即利用风机系统将室内潮湿空气往室外排，使室内形成一定程度负压，新鲜空气从四周门缝、窗缝进入。光触媒即在光的照射下可将吸附（收）的氨气、尼古丁、醋酸、硫化氢等有害物质释放掉。（5）增加空气负离子浓度。空调上安装负离子发生器可增加空气负离子度，使环境更舒适，同时对降低血压、抑制哮喘等有一定疗效。

谈谈绿色家电

现代工业文明给人类带来了崭新的生活方式，可又有多少人知道其实我们每时每刻都生活在辐射、污染之中，而且自己又不经意地制造出了更多的污染呢？我们身边的汽车、电视机、电脑、手机、冰箱甚至台灯，无时无刻不在损害着自己的健康；而天天都用的煤气炉、热水器、洗衣机也同时在制造着污染损害别人的健康。大家愿意生活在这样的环境下吗？当然不愿意，那就让我们来认识绿色家电吧。

简单来说，绿色家电就是在质量合格的前提下，那些高效节能而且在使用过程中不对人体和周围环境造成伤害，在报废后还可以回收利用的家电产品。具体分类的话，冰箱的绿色标准主要是无氟、低噪音和节能；洗衣机的绿色标准主要是节能和低噪音；彩电的绿色标准主要是低辐射；空调的绿色标准主要是换新风、节能和低噪音等等。绿色家电在业内较为统一的观点包括三方面含义：健康、节能和环保。具体来说，绿色产品在设计上要求产品质量优、环境行为优；在生产过程要求实现无废少废、综合利用和采用清洁生产工艺；在产品本身的品质上要求比一般产品更体现以人为本、提高舒适度和健康保护及环境保护程度；最后还要求废弃物便于处置。

不可或缺的人造生活——

对人体健康而言，绿色家电应是使用过程不会直接对人造成伤害，报废后可回收利用亦不致对人间接造成危害。从这一观点出发，我国目前的家电尚不能称为绿色家电。所谓低噪声、低辐射的家电也不是对人健康无危害。至于报废家电回收利用问题更谈不上，现在尚无一家专业家电废弃物综合处理厂，原因不仅在于国家没有相关法规，而且企业也没有成熟的处理技术。由此可见，绿色家电现时还不能在映其本质，因此在使用家电时人们要从如下方面注意保护自己的健康：

一是购买时在保证质量前提下，应选择购买对人健康危害小的家电。如无氟利昂制冷的空调、冰箱为好。二是使用时不问种类的家电，对人健康可能构成各样的伤害，定要加以预防。空调可发生空调病，电脑屏幕可见光可致人视力下降，低频电磁波可能影响妊娠，微波炉能引起神经衰弱综合征和加速眼晶状体老化即白内障发生年龄提前，冰箱短期大量泄漏氟利昂可引起中毒，音响声音过大可引起噪声病。三是不要把家用电器过于集中摆放在一起和经常一起使用，特别是在卧室。四是家用电器都有使用年限，一般在10年左右，热水器国家限定6年。超过规定使用年限后，就容易发生各种故障甚至出现安全方面事故。所以，当家电超龄进入危险期后，应及时更新。

第三章　现代家电

迅捷的米色家电

家电四色中的黑色家电，是指可提供娱乐的产品，比如DVD播放机、彩电、音响、游戏机、摄像机、照相机、电视游戏机、家庭影院、电话、电话应答机等；而米色家电，则是指电脑信息产品，如电脑。电脑学名为电子计算机，是由早期的电动计算器发展而来的。计算机初期在香港商人间称为电脑，后引入国内成为大众最熟悉的名字。计算机是一种能够按照事先存储的程序，自动、高速地进行大量数值计算和各种信息处理的现代化智能电子设备。由硬件和软件所组成，两者是不可分割的。人们把没有安装任何软件的计算机称为裸机。随着科技的发展，现在新出现的新型计算机有生物计算机、光子计算机、量子计算机等。

最初的计算机由约翰·冯·诺依曼发明。1946年世界上出现了第一台电子数字计算机"ENIAC"，用于计算弹道，是由美国宾夕法尼亚大学莫尔电工

约翰·冯·诺依曼

不可或缺的人造生活——产PDD

学院制造的，但它的体积庞大，占地面积170多平方米，重量约30吨。1956年，晶体管电子计算机诞生，这是第二代电子计算机。1959年出现第三代集成电路计算机。1976年，由大规模集成电路和超大规模集成电路制成的"克雷一号"，使电脑进入了第四代。超大规模集成电路的发明，使电子计算机不断向着小型化、微型化、低功耗、智能化、系统化的方向更新换代。20世纪90年代，电脑向"智能"方向发展，制造出与人脑相似的电脑，可以进行思维、学习、记忆、网络通信等工作。21世纪，电脑更是笔记本化、微型化和专业化，每秒运算速度超过100万次。

计算机可分为模拟计算机、数字计算机两大类。模拟计算机的特点是参与运算的数值由不间断的连续量表示，其运算过程是连续的，模拟计算机由于受元器件质量影响，其计算精度较低，应用范围较窄，目前已很少生产。数字计算机的特点是参与运算的数值用断续的数字量表示，其运算过程按数字位进行计算，数字计算机由于具有逻辑判断等功能，是以近似人类大脑的思维方式进行工作，所以又被称为"电脑"。

数字计算机按用途又可分为专用计算机和通用计算机。专用计算机针对某类问题能显示出最有效、最快速和最经济的特性，但它的适应性较差，不适于其它方面的应用。在导弹和火箭上使用的计算机大部分是专用计算机。通用计算机适应性很强，应用面很广，但其运行效率、速度和经济性依据不同的应用对象会受到不同程度的影响。通用计算机按规模、速度和功能又分为巨型机、大型机、中型机、小型机、微型机及单片机。这些类型的基本区别通常在于其体积大小、结构复杂程度、功率消耗、性能指

第三章　现代家电

标、数据存储容量、指令系统和设备、软件配置等的不同。一般来说，巨型计算机的运算速度很高，可达每秒执行几亿条指令，数据存储容量很大，规模大结构复杂，价格昂贵，主要用于大型科学计算，是衡量一国科学实力的重要标志。单片计算机则只由一片集成电路制成，其体积小轻，结构简单。性能介于巨型机和单片机之间的是大型机、中型机、小型机和微型机。

世界上第一台个人电脑由IBM于1981年推出。个人计算机或称微型机，是目前发展最快的领域。根据它所使用的微处理器芯片的不同而分为若干类型。首先是使用Intel芯片386、486以及奔腾等IBM PC及其兼容机；其次是使用IPM—Apple—Motorola联合研制的PowerPC芯片的机器；再次，DEC

世界上第一台个人电脑

不可或缺的人造生活——

公司推出使用它自己的Alpha芯片的机器。PC机正在由桌上型向便携式的膝上型甚至笔记本型发展。还有就是把光盘（音频、视频）、电话、传真、电视等融为一体，成为多媒体个人电脑。

娱乐耳朵的音响

音响技术的发展历史可分为电子管、晶体管、集成电路、场效应管四个阶段。1906年美国人德福雷斯特发明了真空三极管，开创了人类电声技术的先河。1927年贝尔实验室发明了负反馈技术后，使音响技术进入一个崭新时代，如威廉逊放大器，即较成功地运用了负反馈技术，使放大器的失真度大大降低。20世纪50年代，电子管放大器的发展达到高潮时期，各种电子管放大器层出不穷。电子管放大器音色甜美、圆润。60年代，晶体管出现，使音响进入一个更为广阔的天地。晶体管放大器具有细腻动人的音色、较低的失真、较宽的频响及动态范围等特点。60年代初，美国首先推出音响技术中的集成电路。70年代初，集成电路逐步被音响界认识。至今，厚膜音响集成电路、运算放大集成电路被广泛用于音响电路。70年代中期，日本生产出第一只场效应功率管。由于场效应功率管同时具有电子管纯厚、甜美的音色，很快在音响界流行。总之，音响技术的发展经历了电子管、晶体管、场效应管的历史时期，在不同的历史时期都各有其特点。今后的发展主流将是数字音响技术。

国外著名的音响品牌有：（1）

第三章 现代家电

音　响

Dali。又称达尼，丹麦扬声器品牌。除了制造喇叭外，也生产配合音箱使用的功放产品。其Skyline、Me克aline等扬声器及皇太子音箱，堪称镇厂之宝。达尼产品系列非常丰富，外观工艺精美的程度是同级产品的榜样。（2）Dantax。来自丹麦，有着尊贵的形象与高昂的价格，Dantax产品是兼具视觉与听觉效果的美丽音响制品。（3）Dcs。英国dcs是目前数码音响领域最具有领导地位的高科技公司，全名是

Data Conversion Systems，原来替英国国防部设计开发导弹与太空设备所需的精密仪器。后来以丰富的计算机经验投入专业数字音响领域。dcs以高性能的摩托罗拉56002处理器搭配AT&T克ate Array芯片构成独特的DSP滤波线路，加上5Bits超取样时间延续式电路，构成了专业器材的心脏。与此同时，dcs也推出950与952两台专业用的D/A转换器。最近，dcs又推出可以对应DSD编码技术的24 Bit/192KHz的解码器，以配合DVD-Audio和SACD时代的来临。可以说，dcs是当今专业录音和Hi-End数码科技的掌舵人。（4）Ditton。英国颇有历史的扬声器厂家。1938年成立，70年代初与Celestion厂合并。Ditton的产品工艺精致，声音拥有英国绅士般的内敛气质。其旗舰产品是PSM-MT。（5）Dpa Dpa。是英国一家小型高级音响公司，在数码处理技术方面显得相当成熟。

国外著名的音响品牌还有：（1）Definitive Technolo克y。美国扬声器品牌，在AV领域知名度颇高，产品系列丰富。（2）Denon天龙。是日本音响，前身是日本歌伦比亚唱片公司，历史悠久。而早在70年代初，天龙就是全世界最早开发PCM数码录音格式的公司。DENON的音响产品包含有极昂贵到非常普及化的Hi-Fi、Hi-End、家庭影院和迷你套装音响等民用产品，甚至制造供电台广播和舞厅DJ使用的专业器材。（3）Densen。丹麦Hi-Fi小厂，素以制造优质但售价不贵的纯功放闻名。（4）DeVa DeVa。是英国利物浦Mor克an公司所设计生产的音响器材，所有deVa的产品编号都是以该产品所使用的变压器容量命名，例如deVa500所使用的环型变压器就是500伏安。（5）Diapason Diapason。是来自意大利的扬声器品牌，其原木和金属巧妙结合的外观和工艺，令人惊叹。

（6）Diatone。日本三菱集团旗下的Diatone是最值得骄傲的日本人的喇叭品牌。其40年代和NHK广播公司联合开发的P610全音域单元和监听音箱，至今都是古董音响收藏者心目中的名器。至今Diatone仍然在制造大体积、大品径的扬声器。

中国人发明的VCD

VCD即 Video Compact Disc 的缩写，是视频压缩盘片。VCD可以在个人电脑或VCD播放器以及大部分DVD播放器中播放。VCD标准由索尼、飞利浦、JVC、松下等电器生产厂商联合于1993年制定，属于数字光盘的白皮书标准。VCD没有像DVD一样的区码限制，意味着可以在任何兼容机器上观看。VCD比DVD廉价，制作成本也较低。不过，VCD缺乏DVD的很多额外特性，如字幕、强劲的选单功能等。

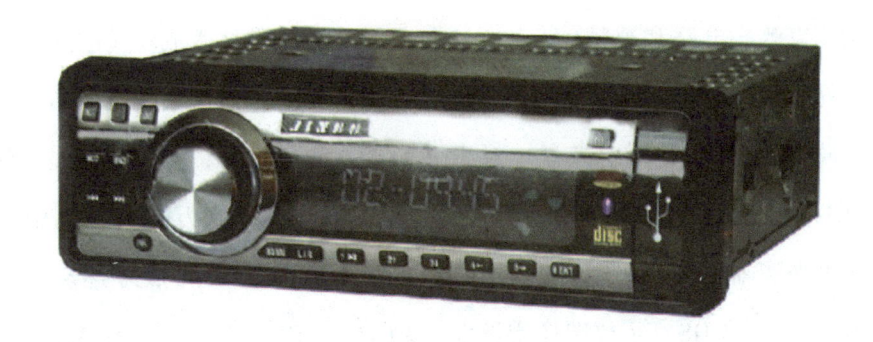

VCD

不可或缺的人造生活——产品

世界第一台VCD视盘机是合肥美菱万燕电子有限责任公司于1993年率先推出的。VCD视盘机是一种集光、电、机械技术于一体的数字音像产品，是MPE克数字压缩技术与CD技术结合的产物，价格低廉、性价比高、软件节目丰富，获得人们的认可。

VCD视盘机是继LD影碟机和CD激光唱机之后开发出的一种新型光盘机，它是一种数字式音频、视频信号的播放设备。VCD视盘机的机芯、激光头及其伺服电路、数字信号处理电路与CD唱机相同，只是在CD机的基础上增加了一套MPE克解码电路和视频D/A变换与编码电路。因此，VCD视盘机即可播放CD光盘以及VCD光盘。对于VCD视盘机播放出来的图像质量，其水平清晰度为250线，相当于家用录像机（VHS）重放图像质量水平。实际上，因为VCD视盘机采用了激光束读取信息方式，光盘与激光头无磨损，不会因使用时间长使图像质量变差，因此VCD视盘机的图像质量优于家用录像机。

世界上第一台VCD的开发者是曾经辉煌一时的安徽万燕公司，创始人姜万勐。有人把姜万勐比作中国数字光盘技术开发道路上的"革命先烈"。1992年，在美国举办的国际广播电视技术展览会上，美国C—CUBE公司展出的MPE克（图像解压缩）技术引起了时为安徽现代集团总经理姜万勐的兴趣，他凭直觉立刻想到，用这一技术可以把图像和声音同时存储在一张小光盘上。此后，姜万勐于1993年9月，将MPE克技术成功应用到音像视听产品上，研制出视听产品——VCD。同年12月，与美籍华人孙燕生共同投资成立万燕公司。中国的老百姓到1994年底才逐渐认识VCD。在这一年，万燕还要开发碟片，推出了97种卡拉OK碟片，独霸于VCD天下。但令人伤心的是，万燕推出的第一批1000台VCD机，几乎都被国内外各家电公司买去做了样机，成为解剖的对象。因而有人认为，万燕所犯的最大错误是不懂专利保护，最终使中国在这一产业的发展中失去了本应占有主动权的半壁江山。

知识百花园

中国VCD发展历程

1993年9月，留美学者姜万勐、孙燕生生产出世界上第一台VCD。

1996年至1997年，爱多、新科等品牌开始大规模进入市场，占据VCD大部分市场。

1998年9月，发生全国性的SVCD与CVD标准争论。1998年8月，信息产业部制定《超级VCD系统行业规范》，于1998年11月1日生效。

1998年10月至1999年7月，各大影碟机厂家不断推出附加新技术的VCD产品，如可播放MP3和MIDI的超级VCD，掌上型超级VCD和可录写的超级VCD。甚至实现了VCD联网和语音复读等功能，以实现中小学的VCD辅助教学。

1999年1月，影碟机行业广告费投入直线下降。在激烈竞争中，不少知名企业陷入困境，如"小霸王"倒闭和"爱多"亏损严重。

1999年7月，各主要生产厂家不约而同地开始大规模降价，普通单碟机的价格纷纷跌破800元／台。DVD产品开始取代VCD。

浓缩影像的DVD

DVD的全称，在诞生之初是Digital Video Disc（数字视频光盘），目前称为"Digital Versatile Disc"，即"数字通用光盘"，是CD/LD/VCD的后继产品。DVD原是 Digital Video Disc的首字母缩略字，因初推出时大多厂商只针对图像方面的宣传及推出产品，而且当时的计算机产业对高容量的存储媒体没有太大需求。后于1995年规格正式确立时，重新定义为Digital Versatile Disc（数字多用途光盘）。现在一般都以DVD作为其称呼。原始的DVD规格里共有五种子规格：DVD-ROM（用作存储计算机数据）、DVD-Video（用

DVD

第三章　现代家电

作存储图像）、DVD-Audio（用作存储音乐）、DVD-R（只可写入一次刻录碟片）、DVD-RAM（可重复写入刻录碟片）。

DVD从1994年下半年提出初步规格到1996年年初样机的出现只用了一年多的时间，可谓发展迅速，是娱乐业公认的新一代标准的存储技术。计算机业对其做出的反应十分积极。20世纪90年代初，美国电影制片业顾问委员会起草了一份代表好莱坞七大电影制片公司的愿望书，其中一项就是要求能在一张CD中记录一部标准长度（135分钟）的视频节目，并要求高于LD的图像和声音质量。可以说这就是研制DVD的动因。

1994年春，美国好莱坞的七大电影公司华纳、哥伦比亚、20世纪福克斯、派拉蒙、环球、UA、MGM、怀特迪斯尼及Viacom组成的一个组织——"HDVA group"，考虑到数字化的高画质电视将在家庭中逐渐普及，家庭化的数字高品质影片将有极大的市场潜力，于是便联合倡议。与此同时，MPEG工作组在1991年也开发出了MPEG-2压缩编码方案，在相同的分辨率下，它比MPEG-1有高得多的压缩质量（平均压缩比约为1:40），但如果采用高分辨率（后来DVD的分辨率是720×480的NTSC制式和720×576的PAL制式的分辨率），存储媒介的容量就必须更大，数据率更高。每秒钟最高近10兆，而VCD只有1.15兆。但前提是当时为了照顾现有设备和CD光盘的可使用性，而采用了MPEG-1标准。若要采用MPEG-2标准就必须开发容量更大的光盘和全新的读取和刻录设备，因此研制大容量光盘系统成为第一要务。

20世纪90年代早期，有两种高容量光盘标准正在研究阶段；一个是多媒体光盘，支持者是飞利浦和索尼。另一个是超高密度光盘，

不可或缺的人造生活——产品

多媒体光盘

支持者分别是东芝、时代华纳、松下电器、日立、三菱电机、先锋、汤姆逊和JVC。IBM则出面希望合并两个标准，以免80年代的VHS和BETAMAX的标准之战又再出现。

1994年12月，Philips和Sony为首的阵营，与Toshiba和Time Warner为首的阵营开始了DVD规格之争，直到1995年12月，在美国电影和电脑商的大力敦促下，终于达成统一规格。1995年9月15日，两大阵营终于达成了统一DVD标准的协议。在最后关头，索尼公司做出了关键性的让步，放弃了自己的光盘结构，同意采取东芝公司独具匠心且较为先进的双盘对接的光盘结构，而东芝公司则相应的在数据信号的调制、处理等部分技术向拥有丰富的CD生产、开发经验的索尼妥协。后来由于计算机界业者（包括Microsoft、Intel等厂商）坚持他们只会支持一种统一的规格，两大阵营于是将标准合并成为DVD，并于1995年推出。最终促进了DVD的大发展。

冷藏食品的电冰箱

冰箱，又称冰桶，由古时的"冰鉴"发展而来，既能保存食品，又可散发冷气，使室内凉爽。冰箱是古代人的发明创造。冰鉴，是古代盛冰的容器。《周礼·天官·凌人》："祭祀共冰鉴。"可见周代已有原始的冰箱。清代晚期的木胎冰箱，多用红木、花梨、柏木等较为细腻的木料制成。形制为大口小底，外观如斗形，铅叶镶里，底部有泄水小孔，结构类似木桶。冰箱箱体两侧设提环，顶上有盖板，上开双钱孔，既是抠手，又是冷气散发口。为使冰箱处于一定高度便于取放冰块和食物，配有箱座。

而电冰箱是一种使食物或其他物品保持冷态、内有压缩机、制冰机用以结冰的柜或箱，带有制冷装置的储藏箱。家用电冰箱的容积通常为20～500升。1910年世界上第一台压缩式制冷的家用冰箱在美国问世。1925年，瑞典丽都公司开发了家用吸收式冰箱。1927年，美国通用电气公司研制出全封闭式冰箱。1930年采用不同加热方式的空气冷却连续扩散吸收式冰箱投放市场。1931年研制成功新型制冷剂氟

不可或缺的人造生活——产品

冰　箱

利昂。50年代后开始生产家用热电冰箱。中国从50年代开始生产电冰箱。

下面我们来分别介绍一下节能冰箱、电脑冰箱、无氟冰箱。节能冰箱采用了先进冰箱压缩机，制冷量、能效比等技术参数实现了最优化，冰箱的保温性能增强，整个冰箱箱体的导热系数优于一般冰箱。电脑冰箱主要有第三代数字温控冰箱，基于电脑人工智能，以精确数字温控为代表。可在箱体外采用可视化的数字温度显示，对箱体内温度进行精确控制。即使频繁开启冰箱，也能通过电脑系统控制，改变压缩机的工作频率，使温度固定在设定数值，同时达到省电的效果。有氟冰箱是使用氟里昂11和氟里昂12来做发泡剂和制冷剂的冰箱。无氟冰箱就是不使用氟里昂11和氟里昂12来做发泡剂和制冷剂，达到环保、卫生的目的。

第三章 现代家电

清衣的洗衣机

洗衣机是利用电能产生机械作用来洗涤衣物的清洁电器。从古到今，洗衣服都是一项家务劳动，在洗衣机出现以前，手搓、棒击、冲刷、甩打这些不断重复的体力劳动给人的是辛苦劳累。1858年，一个叫汉密尔顿·史密斯的美国人在匹茨堡制成了世界上第一台洗衣机。该洗衣机的主件是一只圆桶，桶内装有一根带有桨状叶子的直轴。轴是通过摇动和它相连的曲柄转动的。同年史密斯取得了这台洗衣机的专利权。1859年在德国出现了一种用捣衣杵作为搅拌器的洗衣机，当捣衣杵上下运动时，装有弹簧的木钉便连续作用于衣服。1874年，美国人比尔·布莱克斯发明了木制手摇洗衣机。1880年，美国又出现蒸气洗衣机，蒸气动力开始取代人力。现代蒸汽洗衣机的功能包括蒸汽洗涤和蒸汽烘干，采用了智能水循环系统，可将高浓度洗涤液与高温蒸气同时对衣物进行双重喷淋，贯穿全部洗涤过程，实现了全球独创性的"蒸汽洗"全新洗涤方式。与普通滚筒洗衣机洗涤不同，蒸汽洗涤快速、彻底，只需要少量的水，同时可节约时间。

蒸汽洗衣机之后，水力洗衣机、内燃机洗衣机相继出现。水力洗衣机包括洗衣筒、动力源和与船相连接的连接件，洗衣机上设有进、出水孔，洗衣机外壳上设有动力源，洗衣筒上设有衣物进口孔，其进口上设有密封盖，洗衣机通过连接件与船相连。它无需任何电

力，只需自然的河流水力就能洗涤衣物，解脱了船民在船上洗涤衣物的烦恼。1910年，美国的费希尔在芝加哥试制成功世界上第一台电动洗衣机，标志着人类家务劳动自动化的开端。1922年，美国玛塔依格公司改造了洗衣机的洗涤结构，把拖动式改为搅拌式，使洗衣机的结构固定下来，这也是第一台搅拌式洗衣机。1932年，美国本德克斯航空公司宣布研制成功第一台前装式滚筒洗衣机，洗涤、漂洗、脱水在同一个滚筒内完成。第一台自动洗衣机于1937年问世，是一种前置式自动洗衣机。靠一根水平的轴带动的缸可容纳4000克衣服。衣服在注满水的缸内不停地上下翻滚，使之去污除垢。

1955年，在引进英国喷流式洗衣机的基础之上，日本研制出波

木制洗衣机

第三章　现代家电

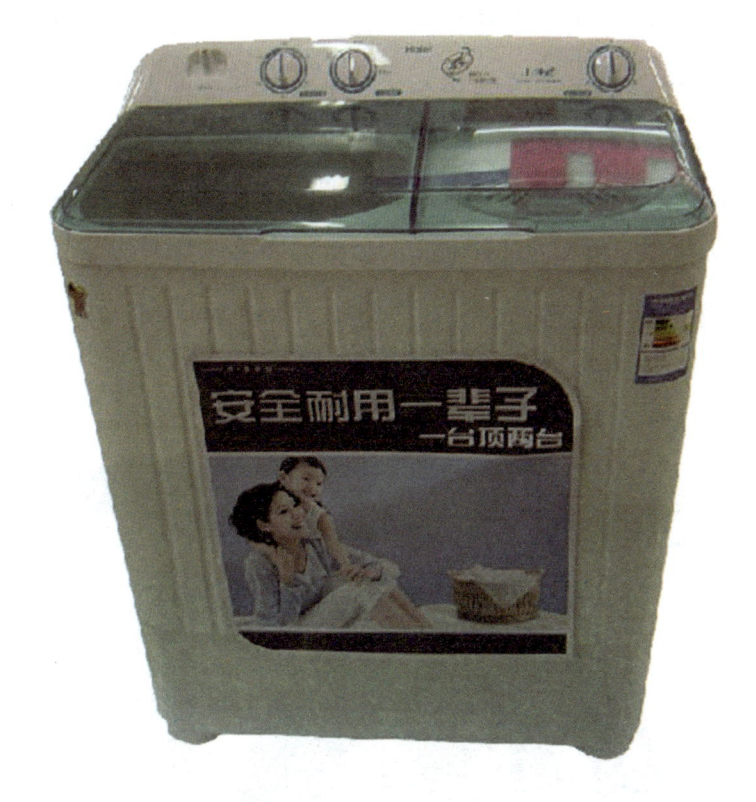

全自动洗衣机

轮式洗衣机。至此，波轮式、滚筒式、搅拌式在洗衣机领域三分天下的局面初步形成。60年代的日本出现"半自动型洗衣机"，70年代生产出波轮式套桶全自动洗衣机，70年代后期以电脑控制的全自动洗衣机在日本问世。80年代，"模糊控制"的应用使得洗衣机操作更简便，功能更完备。90年代诞生了许多新水流洗衣机，日本生产出电机直接驱动式洗衣机，省去了齿轮传动和变速机构，引发了洗衣机驱动方式的巨大革命。

反映洗衣机洗涤性能的主要指标是洗净率（或洗净比）和织物磨损率。洗净率是洗衣机在额

定洗涤状态下，利用光电反射率计（或白度仪）测定洗涤前后人工污染布及其原布的反射率。中国规定洗涤容量在6千克以下的属于家用洗衣机。家用洗衣机主要由箱体、洗涤脱水桶、传动和控制系统等组成，有的还装有加热装置。机械力、洗涤液（洗涤剂的水溶液）和液温，是洗衣机洗涤过程中的三要素。洗衣机运动部件产生的机械力和洗涤液的作用使污垢与衣物纤维脱离。加热洗涤液，可增强去污效果。

洗衣机主要有：（1）波轮式

滚筒式洗衣机

洗衣机，特点是微电脑控制洗衣及甩干功能，省时省力；缺点是耗电、耗水、衣物易缠绕、清洁性不佳。流行于日本、中国、东南亚等地。（2）滚筒式洗衣机。特点是微电脑控制所有功能，衣物无缠绕，不会损耗衣物；缺点是耗时，而且一旦关上门，洗衣过程中无法打开，洁净力不强。适合洗涤羊毛、羊绒以及丝绸、纯毛类织物。流行于欧洲、南美。（3）搅拌式洗衣机。特点是衣物洁净力最强，省洗衣粉；缺点是喜欢缠绕，相比前两种方式损坏性加大，噪音最大。流行于北美。

电磁炉的来历

电磁炉，又名电磁灶，是现代厨房革命的产物，它无需明火或传导式加热而让热直接在锅底产生，热效率得到极大的提高。电磁炉是利用电磁感应加热原理制成的电气烹饪器具。由高频感应加热线圈、高频电力转换装置、控制器及铁磁材料锅底炊具等部分组成。使用时，加热线圈中通入交变电流，线圈周围便产生一交变磁场，交变磁场的磁力线大部分通过金属锅体，在锅底中产生大量涡流，从而产生烹饪所需的热。在加热过程中没有明火，因此安全、卫生。电磁炉是一种高效节能橱具，完全区别于传统的有火或无火传导的加热厨具。第一台家用电磁炉1957年诞生于德国。1972年，美国开始生产电磁炉。20世纪80年代初电磁炉在欧美及日本开始热销。

不可或缺的人造生活——产品

电磁炉

电磁炉的优点主要有：（1）多功能性。由于采用的是电磁感应原理加热，减少了热量传递的中间环节，因而其热效率可达80%以上，以1600瓦功率的电磁炉计，烧两升水，在夏天仅需7分钟，与煤气灶的火力相当。用它蒸、煮、炒、炖、涮样样行。电磁炉完全可以取代煤气灶，这是它最大的优势。（2）很清洁。由于其采用电加热的方式，没有燃料残渣和废气污染。因而锅具、灶具非常清洁，使用多年仍可保持鲜亮如新，使用后用水一冲一擦即可。电磁炉本身也很好清理，没有烟熏火燎的现象。使用电磁炉无烟、无明火、不产生废气外形简洁，工作起来静悄悄。（3）安全。电磁炉不会像煤气那样，易产生泄露，也不产生明火，不会成为事故的诱因。此外设有多重安全防护措施，包括炉体倾斜断电、超时断电、干烧报警、过流、过压、欠压保护、使用不当自动停机等。尤其是炉子面板不发热，不存在烫伤的危险。（4）方便。电磁炉本身仅几斤重，只要是有电源的地方就能使用。电磁炉结构简单、维修方便，使用起来像燃气一样方便。它具有的定时功能十分便利，尤其是在炖、煮、烧热水的时候，人可以走开做其他的事情，即省心又省时。（5）经济。电磁炉是用电大户，要用它作为厨房主流厨具，功率一定要选择1600瓦以上。但由于电磁炉加热升温快速，电价相对较低。此外，电磁炉售价较低，1600瓦功率的炉子200多元，而且还送锅具。

钟表的来历

钟表是钟和表的统称，都是计量和指示时间的精密仪器。钟和表通常是以内机的大小来区别的。按国际惯例，机心直径超过50毫米、厚度超过12毫米的为钟；直径37～50毫米、厚度4～6毫米者，称怀表；直径37毫米以下为手表；直径不大于20毫米或机心面积不大于314平方毫米的，称为女表。手表是人类所发明的最小、最坚固、最精密的机械之一。现代钟表的原动力有机械力、电力两种。机械钟表是一种用重锤或弹簧的释放能量为动力，推动一系列齿轮运转，借擒纵调速器调节轮系转速，以指针指示时刻和计量时间的计时器；电子

不可或缺的人造生活——产

钟表是一种用电能为动力，液晶显示数字式和石英指针式的计时器。

原始人凭天空颜色的变化、太阳的光度来判断时间。古埃及发现影子长度会随时间改变，发明日晷在早上计时。他们发现水的流动需要的时间是固定的，因此发明了水钟。古代中国人有以水来计时的工具——铜壶滴漏；也用烧香计时，将香横放，上面放上连有钢珠的绳子，有报时功能。东汉张衡制造漏水转浑天仪，用齿轮系统把浑象和计时漏壶联结起来，漏壶滴水推动浑象均匀地旋转，一天刚好转一周，这是最早出现的机械钟。北宋元祐三年苏颂和韩公廉等创制水运仪象台，已运用了擒纵机构。

1350年，意大利的丹蒂制造出第一台结构简单的机械打点塔钟。1500—1510年，德国的亨莱思首先用钢发条代替重锤，创造了用冕状轮擒纵机构的小型机械钟。1582年，意大利的伽利略发明了重力摆。1657年，荷兰的惠更斯把重力摆引入机械钟，创立了摆钟。1660年英国的胡克发明游丝，并用后退式擒纵机构代替了冕状轮擒纵机构。1673年，惠

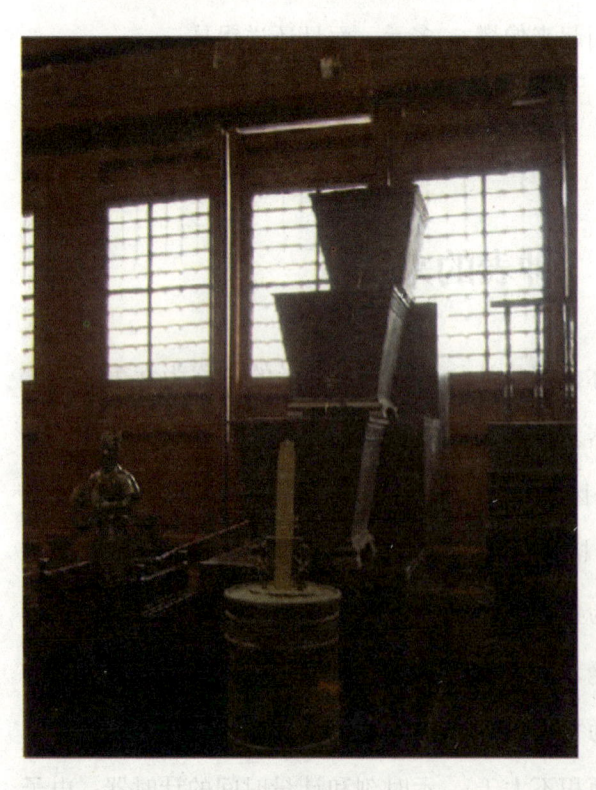

铜壶滴漏

第三章　现代家电

机械打点塔钟

更斯将摆轮游丝组成的调速器应用在可携带的钟表上。1675年，英国的克莱门特用叉瓦装置制成最简单的锚式擒纵机构，这种机构一直沿用在简便摆锤式挂钟中。1695年，英国的汤姆平发明工字轮擒纵机构。1715年，英国的格雷厄姆发明了静止式擒纵机构，弥补了后退式擒纵机构的不足，为精密钟表打下了基础。1765年，英国的马奇发明自由锚式擒纵机构，即现代叉瓦式擒纵机构的前身。1728—1759年，英国的哈里森制造出高精度的标准航海钟。1775—1780年，英国的阿诺德创造出精密表用擒纵机构。1797年，美国人伊莱·特里获得钟的专利权，被视为美国钟表业的始祖。18～19世纪，

不可或缺的人造生活——产品

钟表

钟表制造业已逐步实现工业化生产。20世纪，随着电子工业的迅速发展，电池驱动钟、交流电钟、电机械表、指针式石英电子钟表、数字式石英电子钟表相继问世，钟表进入了微电子技术与精密机械相结合的石英化新时期。

世界名表主要有：（1）百达翡丽。是贵族的标志。（2）宝玑。是现代制表之父，法王路易十六，法国王后玛丽·安东尼，沙皇亚历山大一世，英国维多利亚女王，英国首相邱吉尔都是宝玑表的钟爱者。（3）万国。机械制造，品质超凡，由美国波士顿工程师佛罗伦汀·琼斯以机械取代部份人工制造出更精确的零件，而后装配成万国表。（4）爱彼。爱彼表在每一只表后刻上制造者的名字，以示负责保证，瑞士作为钟表王国的美誉。（5）卡地亚。卡地亚家族在19世纪中叶已是闻名遐迩的法国珠宝金银首饰制造名家，自从1904年为老朋友山度士制造的金表一炮打响后，一直是上流社会的宠物。（6）劳力士。手表领域中的霸主。劳力士表最初的标志为一只伸开五指的手掌，完全是靠手工精雕细琢的。（7）江诗丹顿。每年仅仅生产2万多只表，是贵族的艺术品。（8）伯爵。伯爵表为表中后起之秀，是无数富婆趋之若鹜的顶级表。（9）积家。积家公司创始人发明了能够将测量的准确度精确到1/1000毫米的微米仪，使钟表零件的加工精度大大提高。（10）欧米茄。欧米茄手表的名字源于希腊字母(omega)，始于1848年。（11）ARMANI。GIORGIO ARMANI手表即是打破阳刚与阴柔的界线，引领中性风格。

不可或缺的人造生活——产品

手机的来历

移动电话，简称为手机，港台地区通常称为手提电话、手电，早期有大哥大的俗称，是可以在较广范围内使用的便携式电话终端。阿联酋是世界上拥有手提电话比率最高的地方，平均每1000名阿联酋人拥有1860部手提电话。手机外观上一般都包括至少一个液晶显示屏和一套按键。电话键盘部分手机除了典型的电话功能外，还包含PDA、游戏机、MP3、照相机、摄影、录音、GPS等功能。第一代移动电话网络（1G）是指以模拟信号的移动电话，即大哥大。最先研制出大哥大的是美国摩托罗拉公司的Cooper博士。这种手机外表四四方方，只能成为可移动算不上便携，又称为"砖头""黑金刚"。这种手机只能进行语音通信，收讯效果不稳定，保密性不足。

目前在全球范围内使用最广

大哥大

第三章　现代家电

诺基亚3克手机

的是所谓的第二代手机（2G），以GSM制式和CDMA为主，都是数字制式的，除可以进行语音通信，还可以收发短信（短消息、SMS）、MMS（彩信、多媒体短信）、无线应用协议等。中国大陆、台湾以GSM最普及，CDMA和小灵通手机也很流行。Motorola 680i与Sony Ericsson 758c是第二代手机，也是最常见的手机。这些手机使用PHS，GSM或者CDMA的标准，具有稳定的通话质量和合适的待机时间。目前整个行业正在向第三代手机（3G）迁移过程中。

用于第三代移动通信系统（3G）的手机如今已经研制出来，但是由于相关网络没有普及，并未得到广泛的应用。第三代手机的目标之一是开发一种可以全球通用的无线通讯系统，制式主要有WCDMA、CDMA2000和TD-SCDMA。这些新的制式都基

161

于CDMA（码分多址）技术，在带宽利用和数据通信方面都有进一步发展。未来的手机将偏重于安全和数据通讯。一方面加强个人隐私的保护，另一方面加强数据业务的研发，更多的多媒体功能被引入进来，手机将会具有更加强劲的运算能力，成为个人的信息终端，而不是仅仅具有通话和文字消息的功能。

手机的安全使用要点有：会产生一定的辐射，对人体特别是头部接近大脑部分的组织产生一定的影响；此外，手机发出的信号会干扰蜜蜂的路线，使它们死亡，令花粉难以传播；在飞机起飞和降落过程中，禁止使用手机；在加油站，天然气加气站，存放易燃易爆化学品的仓库地区，禁止使用手机拨打和接听电话；在医院有很多对电子设备比较敏感的仪器（心脏监控，心电图，脑电波监控，电子起博器）和高纯度氧气，不允许使用手机。

知识百花园

手电筒

手电筒，简称电筒，是一种手持式电子照明工具。一个典型的手电筒有一个经由电池供电的灯泡和聚焦反射镜，并有供手持用的手把式外壳。目前从市场流行的手电筒分类来看，手电筒主要分为可充电电池手电筒和不可充电电池手电筒。电池又分为铅酸蓄电池、锂电池、NI-H电池等。手电筒的选购要看电池、灯泡、光圈、亮度、防水、外观。手电

第三章　现代家电

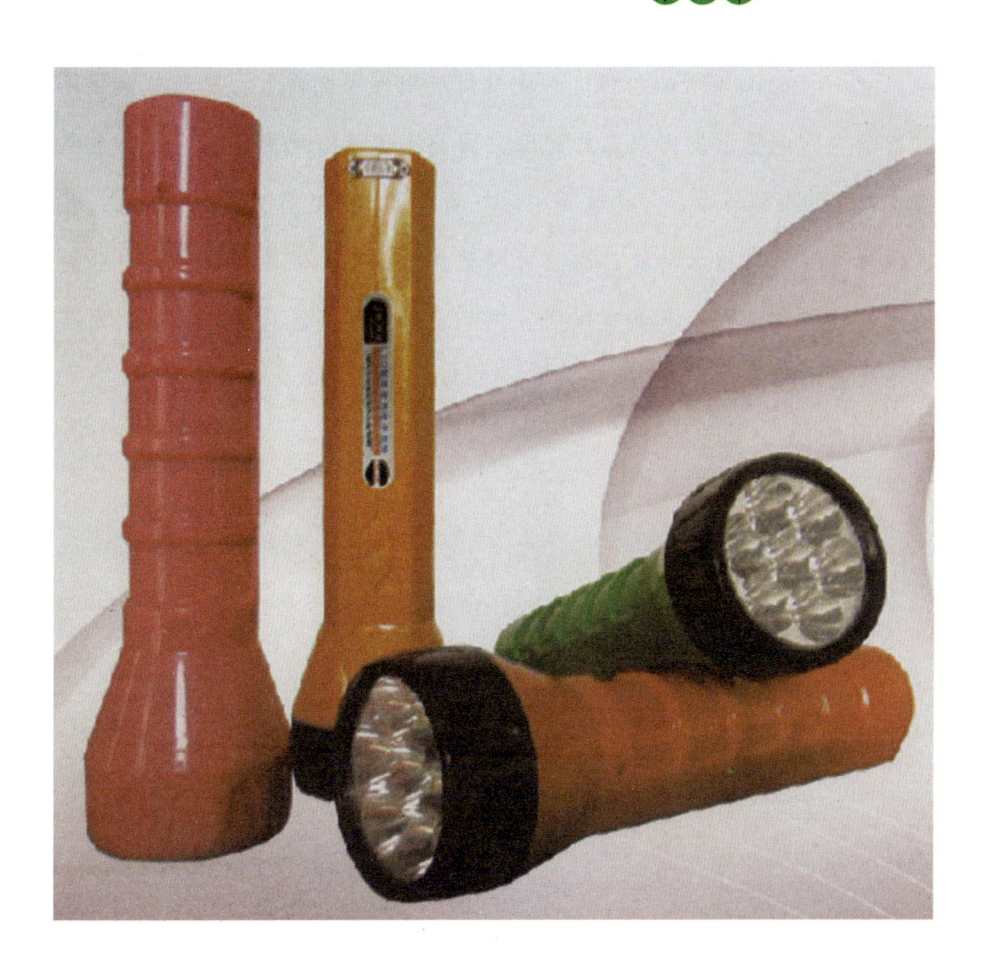

手电筒

筒于19世纪末期才被发明，因为它必须结合电池与电灯泡的发明。早期因为电池的蓄电力不足，因此被称为短暂的灯。大部的手电筒被设计成圆筒型，然而早期的手电筒常被设计成各种样式，有的长得像早年的灯笼，有的像蜡烛，预计在将来会有更多有趣的型式出现。

如今手电筒改用发光二极管取代传统的电灯泡。1999年，位在美国加州圣荷西Lumileds公司发明了白色高能量的卤素发光二极管。2001

不可或缺的人造生活——

年，Arc Flashli克ht公司将这种卤素灯应用到手电筒上。发光二极管可以用较少的电量散发出更强的光源，因此比传统灯泡更省电。这类手电筒有较长的电池寿命，可达数百小时。高品质的手电筒使用特别电池，可以调整亮度，有防水功能，而且可调整焦距，但比较昂贵。根据手电筒使用的环境和范围，它具有照明、恫吓、报警和高压自卫之功能。尤其是多功能手电筒具有高压自卫功能，是与报警声响同步发生作用。

第四章 传播知识的办公学习用品

不可或缺的人造生活——产

办公学习用品是文化用品、办公用品的合称。其中办公用品主要有电话机、传真机、碎纸机、点钞机、电脑、装订机、考勤机、塑封机、保险箱、空气净化机、支票机、热熔机、投影仪、雨伞架、复印机、打字机、标签机、带模机、投影机、打印机、电子白板、指纹考勤机、铁皮文件柜、刷卡考勤机、白板、软木板、绿板、门禁机、钥匙箱、封袋机、无线胶装机、静音手推车、玻璃白板、电子白板笔、收款机、切纸机、条形码打印机等。学习用品主要是文具，可以分为：装订类文具（如订书机、厚层装订机、订书针）、胶粘类文具（如胶带座、封箱器、胶水）、智力类文具（如橡皮泥、存放柜盒、文件盒、文件夹、文件柜）、笔类文具（如铅笔、钢笔、自来水笔、中性笔）、绘图类文具（如三角尺、直角尺、圆规）、桌面文具（如宽带电话、磁性针盒、图钉、工字钉）、化学涂改类文具（如橡皮、修正液、修正带）、各类记事本文具（如通讯录、硬抄本、软抄本）、标签类文具（如告示贴、便条贴、不干胶贴）、纸张类文具（如复印纸、打印纸、传真纸）、教学仪器类文具（如黑板擦、粉笔、教鞭）、笔类配件文具（如圆珠笔芯、中性笔芯、铅笔芯）、美术用品类文具（如水彩颜料、油彩颜料、国画颜料、双脚钉、装订夹、夹子器）、电脑周边类文具（如鼠标垫、打字书立、磁盘类、刀剪类、削笔器、美工刀、裁纸刀）、套装文具（如组合文具、文房四宝、美术套装）等等。一般说来，圆珠笔、钢笔、自动铅笔、木头笔、橡皮、修正液、透明胶、尺、圆规、彩色水笔、圆规、本子、草稿纸、透明胶、固体胶、夹子等属于常用办公学习用品。总的来说，办公学习用品可以分为书写用具、修正涂改用品、制图用品、文具盒类、其他用品等五类。本章我们就来介绍一下常用用品。

第四章　传播知识的办公学习用品

笔类文具的来历

笔是供书写或绘画用的工具。多通过笔尖将带有颜色的固体或液体（墨水）在纸上或其他固体表面绘制符号或图画，也有利用固体笔尖的硬度比书写表面大的特性在表面刻出符号或图画。普遍使用的是签字笔、圆珠笔，绘制艺术底稿和画图则多用铅笔。古代中国，使用的是毛笔。古希腊、古罗马曾在木板面上涂蜡，然后用铁棒在蜡面上划写。古代埃及和波斯，曾将芦苇杆削尖当笔使用。从中世纪开始，欧美使用芦苇笔或鹅毛笔。自19世纪80年代中期在羽毛笔的基础上发明了钢笔之后，钢笔迅速替代传统的羽毛笔而成为20世纪主要的书写工具。20世纪90年代中后期，电脑、打印机与网络迅速普及，在很大程度上取代了钢笔的书写功能，而且性能更加优良的圆珠笔广泛运用。下面我们就来介绍几种笔用品。

◆ 毛　笔

种类甚多，主要有紫毫、狼毫、羊毫、兼毫。其中，紫毫笔是取野兔项背之毫制成，因色呈黑紫而得名。兔毫坚韧，又称健毫笔，分为南、北毫笔，北毫笔毫长而锐，宜于书写劲直方正之字，向为书家看重。因只有野兔项背之毛可用，因而紫毫笔价值昂贵，且不能书写牌匾大字。狼毫笔，以狼

毫制成。今日所称狼毫，为黄鼠狼之毫，而非狼之毫。狼毫又称鼠须笔。狼毫可推至晋代王羲之。黄鼠狼仅尾尖之毫可供制笔，性质坚韧，仅次于兔毫。羊毫，是以青羊或黄羊之须或尾毫制成，始于南北朝之前，至秦时蒙恬改良之新笔已成制笔材料。羊毫柔而无锋，柔弱无骨，南宋以后才盛行；被普遍采用是清初之后。兼毫笔，是合两种以上之毫制成，依其混合比例命名，如三紫七羊、五紫五羊等，一般以"鹿毛为柱，羊毛为被"，即属兼毫笔。

◆ 钢　笔

自19世纪80年代中期在羽毛笔的基础上发明了钢笔之后，钢笔迅速替代传统的羽毛笔而成为20纪主要的书写工具。进入20世纪90年代

钢　笔

第四章　传播知识的办公学习用品

中后期，电脑、打印机与网络迅速普及，在很大程度上取代了钢笔的书写功能，而且性能更加优良的圆珠笔广泛运用，也挤占了钢笔的市场占有率。21世纪初的今天，钢笔仍然具有不可替代的特性，它是许多人首选的书写工具，并在某种程度上成为体现持有人身价的一种象征。制作工艺越来越精良的名牌钢笔，已成为高档的名贵礼品。钢笔不仅有足够多的新老品牌与款式，而且价格适宜，拥有庞大的市场。

◆ 中性笔

中性笔内装一种有机溶剂，其黏稠度比油性笔墨低、比水性笔墨稠，当书写时，墨水经过笔尖，便会由半固态转成液态墨水，中性笔墨水最大的优点是每一滴墨水均是使用在笔尖上，不会挥发、漏水，因而可提供如丝一般的滑顺书写感，墨水流动顺畅稳定。另外有一种瓷珠中性笔。其陶瓷球珠采用纳米氧化锆粉加工而成，晶粒尺寸比碳化钨球珠的小10倍以上，耐磨性能优于碳化钨球珠，陶瓷笔珠与墨水不发生化学反应，耐腐蚀性能优良。因此，陶瓷球珠中性笔书写长度是碳化钨球珠的2~3倍，克服了掉珠、漏墨现象，初始书写和结束书写的线径一致，书写手感舒适，能减轻长时间书写的疲劳。

除此之外，还有几种特殊的笔。一是原子笔。分为油性和中性：油性原子笔墨的特性是墨水黏稠度高、水性强，但油渍较多；中性原子笔的墨水黏度适中、油渍少、书写流利，耐水及耐光性均比油性原子笔墨水佳。二是水性笔。水性笔的主要溶剂是水，常见的水性笔有钢珠笔、签字笔、塑料、毛笔和萤光笔，水性笔较油性笔无味，笔尖不易干燥，其笔迹耐光但不耐水，遇到水会渲染开来，不慎摔过就很容易断水。三是投影笔。投影笔

基本上是油性笔，适用范围相当广泛，可写在投影片、玻璃或任何物体上，不掉色、不脱落，可在烧杯或试管上做记号。有些厂牌的投影笔可以补充墨水，首次补墨需要半小时，第二次以后便仅须十分钟，相当方便。另也有厂商提供水性投影笔，其笔迹沾水后可擦拭，不留痕迹，适用于需在现场做计算或示范演练的演示文稿场合。四是牛奶笔。牛奶笔是由日本的PENTEL公司最先开发，其内装墨水并非真的牛奶，而是中性墨水，但因它在日本上市时名为"MILKY"，并以一头牛做为广告片表现手法，加上此商品的七种颜色均为粉嫩色系，给人柔和的感觉，一般就习惯称它为"牛奶笔"。牛奶笔可写在黑色或深色信纸上，也可涂在指甲上，用途相当特殊，在日本广受女学生欢迎。

橡皮的来历

橡皮是用橡胶制成的文具，能擦掉石墨或墨水的痕迹。橡皮的种类繁多，形状和色彩各异，有普通的香橡皮，也有绘画用2B、4B、6B等型号的美术专用橡皮，以及可塑橡皮等。橡皮能擦掉铅笔字，是1770年英国科学家普里斯特首先发现的。在这以前，人们是用面包擦铅笔的。普里斯特的这个发现引起很大轰动，因为它给人们带来很大方便。不过最早的橡皮是用天然橡胶做的，擦字时不掉碎屑，只是把铅笔末粘在橡皮上，越擦越脏。后来，人们在制作橡皮时加入了硫

第四章　传播知识的办公学习用品

橡　皮

磺和油等物质，使橡皮很容易掉屑，被擦掉的铅笔末随着碎屑离开橡皮，这样一来，橡皮能经常保持干净，也不会把纸弄脏。1770年前后的整个欧洲均采用切成小立方体的橡胶粒来擦掉笔迹。在1770年之前，人们使用面包屑来擦去笔迹。

初期的橡皮擦并不算方便，因为未经加工的橡胶容易腐坏。直至1839年，发明家Charles goodyear发现了硫化可以使橡胶的质素提升，橡皮擦才变得可靠。1858年一位来自美国费城的人因为把橡皮擦嵌在铅笔尾部而取得一项专利。

不可或缺的人造生活——产品

在英国和澳洲，橡皮擦被称为 rubber；但是在美国，rubber 是安全套的一个俗称，而橡皮擦的名称是 eraser。这往往被美国人用来开玩笑。橡皮除了用于擦掉笔迹外，还有许多妙用方法。比如，一是巧除车上鞋印。不少车主总为爱车车门上的鞋印感到烦恼，浅内饰固然好看，但门内饰等部位总少不了被自己或乘客不留神蹭下的鞋印。用各种清洁剂都试过，浅的还行，可一些明显的痕迹却很难去除。不少车主也曾花了不少钱去汽车美容中心专门做了清洁，不仅效果同样不够理想，没过几天新的鞋印就又产生了。针对门板上的鞋印，橡皮擦具有神奇的清洁效果。轻轻一擦，再顽固的鞋印也会消失得无影无踪，而且完全无腐蚀，价格仅为清洁剂的1/100，同时体积小巧，不占地方。二是巧除开关的电火花。电灯、电器等的开关在开启时若经常出现火花，可切断电源，将开关拆开，开关内的铜片上会有烟黑样的斑点，可用一块擦字的橡皮，在铜片烟黑处擦几下，便可消除电火花。

修正液的来历

修正液，又称涂改液、立可白，是一种白色不透明颜料，涂在纸上以遮盖错字，干涸后可于其上重新书写。修正液传统上用小瓶子来包装，瓶盖附带一支小扫帚或者三角形的发泡塑胶浸在改错液里面。由于修正液挥发性极高（亦即干涸得快），未用完的修正液留在瓶里容易变得太浓稠而难以使用。因此，修正液制造商通常也会附带售卖稀释剂。修正液于

第四章 传播知识的办公学习用品

修正液

1951年由美国人贝蒂·奈史密斯·格莱姆发明，她是顽童合唱团前成员麦克·奈史密斯的母亲。修正液在发明文字处理器之前，让打字或写作变得更加方便。修正液不像胶条一样容易把纸撕破，也不像橡皮那样对钢笔、圆珠笔束手无策，它方便、快捷、干净、覆盖力强，被学生们当作是改正错误的好帮手。近年开始出现笔型的修正液，笔里面装有弹簧，将笔尖按在纸张上可泵出改错液，这比扫型的更能平均地涂出修正液，也不会像瓶装的容易干涸。

现在不少学生的铅笔盒已经不放橡皮，取而代之的是修正液。因为修正起来方便，而且覆盖力很强，但修正液涂改了字迹，却留下了某些有毒物质，对人体的伤害很大，如果长期使用涂改液很容易造成慢性中毒。修正液确实是有害的，因为它是一种化学的合成物，这里面危害性比较大的首先是对二甲苯，长期使用可以对肝脏、肾脏等等造成长期的慢性的危害，甚至

于有的少数的孩子还会引起像白血病等等症状。其次是各种各样的卤化烃。包括二氯乙烷、三氯乙烷、四氯乙烷等等，这些化合物对眼睛有很明显的刺激，经常使用会造成流眼泪、眼睛发红，个别的还会造成恶心、呕吐、浑身不舒服，甚至于造成一些更严重的长期的危害。干得快是修正液的一个优点，因为它里面含有挥发性很强的有机烃类物质，也正因为如此，它对孩子的五官会造成更加明显的损害，加强了它的毒性渗透。

知识百花园

全自动黑板擦

全自动黑板擦

板擦儿是擦黑板的用具，一般是在小块木板上加绒布或棕毛制成。全自动黑板擦是用四个电动机作动力，其中两个电动机装在一个与黑板同样大的框架上，并且通过减速器使一条横梁作上下移动，另外两个电动机使一排软毯做圆周运动,并由其擦去黑板上的粉笔字迹。有一排长盒槽能罩去软毯与粉尘,使用者只要按动按钮即可使它动与停止。每个软毯即可紧贴黑板,亦可不紧贴黑板。在一排横梁外有一条长的盒槽。所以,当我们需要擦黑板时,就无需人工的用黑板擦,而是可以控制开关,使它移动到我们需要的地方开始自动的擦去粉笔字迹,这样就给使用者带来不少便捷之处。

粉笔的来历

粉笔是由硫酸钙的水合物(俗称生石膏)制成。也可加入各种颜料做成彩色粉笔。在制作过程中把生石膏加热到一定温度,使其部分脱水变成熟石膏,然后将热石膏加水搅拌成糊状,灌入模型凝固而成。粉笔是传播文化的工具。普通粉笔约二寸长,一头粗、一头细的圆台形,常用白色。国内使用的粉笔主要有普通粉笔和无尘粉笔两种,其主要成分均为碳酸钙(石灰石)和硫酸钙(石膏),或含少量的氧化钙。

最早人类发现,木炭可以拿来作画,远在文字发明前,人类就用木炭来作画,在欧洲的岩洞中能看到碳粉或木炭所做的壁画。中世纪,人们开始发现用石灰加水,可以做成块状的物体,可以用类似木炭笔的方法去记录事情。19世纪以前的"黑板"都很小,而且目的并非用于教学。到了19世纪中期,世界各地的大学开始兴盛,原本的教师口述,学生口记的教学方式,

不可或缺的人造生活——产品

因为学生人数增多而越来越显现出不便，因此在欧洲、美国开始普遍把原本小型、非固定的黑色布告栏增大。与此同时出现了教学用品粉笔。

无尘粉笔属普通粉笔的改进产品，旨在消灭教室粉笔尘污染。它只是在普通粉笔中加入油脂类或聚醇类物质作粘结剂，再加入比重较大的填料，如粘土、泥灰岩、水泥等，这样可使粉笔尘的比重和体积都增大，不易飞散。无尘粉笔的主要优点有：写在黑板上，无尘飞现象，卫生干净，避免了因粉笔沫通过呼吸进入内脏而得职业病；不沾手和衣服，教师上完一节课手指上无白色痕迹，不需要洗手；长时间存放不会变质；目前学校使用的黑板有水泥板、木板和毛玻璃板等，因黑板表面光滑程度不同，要求粉

粉 笔

第四章　传播知识的办公学习用品

无尘粉笔

笔的软硬程度也不一样。无尘粉笔可任意改变其软硬度，书写流利、省力、手感好；无尘粉笔除生产白色外，还可以生产大红、黄、绿、兰、粉红等多种色彩，鲜艳夺目。

尺子与圆规的来历

尺子，又称尺、间尺，是用来画线段（尤其是直的）、量度长度的工具。在尺规作图中，尺被视为可画无穷长的直线的工具。尺上通常有刻度以量度长度。有些尺更在中间留有特殊形状如字母或圆形的洞，方便用者画图。相传尺子是由鲁班发明的，比如鲁班的发明中就有一种是能正确画出直角的三角板，也称为班尺，它能告知工匠哪些尺寸是不规则的，以及根据占卜的规则而判断哪些是不吉的。尺通

不可或缺的人造生活——产

常以塑胶、铁、硬纸、木、竹制等制造。尺子的种类主要："蛇仔尺"是专用来画曲线的尺；三角尺是直角三角形或等腰三角形的尺，方便画平行线或垂直线；计算尺，一种计算工具；三角尺软尺，常用来量度人体部分；拉尺，用来量度建筑物、家具等。

尺子中有一种特殊的多用途绘图尺，其主要在一般平行尺的尺身上设有一可伸缩调整的割刀，该割刀的刀片座部分并可在平常不使用时，缩回隐设于一套管内；借由平行尺平移时，伸出的割刀即可随平行尺的移动而同步切割，且运用尺身上的圆心定位钮为圆心，在旋转尺身同时并能随之割出圆形线条，另在尺身一侧设有组配座；则本实用新型可同时在平行尺上除兼具有一般绘图功能外，更可提供切割及比例放大的功能，从而大大提高绘图尺的使用性及方便性。

圆规是用来画圆及圆弧的工具。圆规在数学和制图里，是用来绘制圆或弦的工具，常用于尺规作图。圆规通常制成的金属，包括两部分连接由一个铰链，其中可作调整。圆规分普通圆规、弹簧圆规、点圆规、梁规等。圆规的发明最早可追溯至夏朝，《史记·夏本记》载大禹治水"左準绳，右规距"。《周礼·考工记·匠人》记载："匠人建国，平地以悬，置槷以悬，视以景。为规，识日出之景与日入之景。昼参诸日中之景，夜考之极星，以正朝夕。"

绘圆用的绘图工具有两只脚，上端铰接，下端可随意分开或合拢，以调整所绘圆弧半径的大小。一只脚的末端为针尖，另一只脚的末端可装入绘铅笔线或墨线的脚。有的圆规装上延伸杆，可画出较大的圆。有梁规、弹簧小圆规和活心小圆规等。圆规由笔头、转轴、圆规支腿、格尺、折叶、笔体、笔尖、圆规尖、小

第四章 传播知识的办公学习用品

耳构成，笔头的下端插入连接在笔体的上端，笔体圆规的构成的下端螺纹连接在笔尖的上端，小耳的平齐端焊接在圆规支腿的外侧中间，圆规支腿的下端夹紧连接在圆规尖的上端。圆规的特征是：笔体的一面粘贴连接在折叶的一面，折叶的另一面粘贴连接在格尺的一端中间，笔体的夹缝上端两侧插入连接在转轴的两端，转轴的轴体穿套连接在圆规支腿的上端。

椭圆规是一种古老的绘画椭圆的简易工具。常见的椭圆规由有十字形滑槽的底板和旋杆组成。在十字形滑槽上各装有一个活动滑表标。滑标下面有一根旋杆。此旋杆与纵横两个滑标连成一体。移动滑标，其下面的旋杆能作360°的旋动画出符合椭圆方程的椭圆。多功能椭圆规是一种画椭圆用的新型圆规，包括手柄、规腿、针足、铅足等，其特征在于：该椭圆规腿上固定一弧形标尺，标尺上设刻度线，标尺随两侧规腿的张合而运动，该椭圆规设置线足，线足被顶丝固定于换足叉孔内，线足上设线孔和线卡，细线穿过线孔，线卡固定细线长短，画笔设置在该椭圆规外，画笔铅足上端设置一线槽，可钩住细线起稳固作用，该椭圆规操作简单，使用方便。

知识百花园

多功能量角器

多功能量角器的功能有：能随意画角度、量角度、画垂直线、平行

线、测倾斜度、垂直度、水平度，可当内外直角拐尺，打开、合拢，可当长短直尺还能较确直观读出，并画出规定尺寸的圆。产品可制三种类型：A小型文具（主要材质为塑料）实用于大中小学生；B型教具（主要材质为塑料）实用于学校老师；C型工具（主要材质为不锈钢金属）实用于工厂、车间、木工、技工、修理工等。如：老师、大中小学生做数学、几何及小制作或修理工在测量绘制、制作时需要携带量角器、三角板、直尺、圆规及工人用水平尺、拐尺、测度表等上述量具。为弥补上述量具在使用上的单一性及携带和保管使用上的不方便。本产品具有结构简单、造型新颖独特，设计合理，在使用时十分灵活，具有全面性的实用价值，实现了一器多用，从而提高工作效益。

绘图板的来历

随着科技的发展，绘图板越来越成为艺术家和专业人士的得力工具。一块得心应手的绘图板是提高工作效率，让人事半功倍的好东西。绘图板根据时代不同，也演变了好几代，从最初的传统绘图板到现在的电子绘图板。如今还诞生了数码绘图板，数码绘图板是在数字平台上进行绘画的必备工具。直接用鼠标作画是不符合很多人的习惯，数码绘图板则模拟了传统绘画。

绘图板从工作原理上来分有电阻压力式、光学感应式、超声波定

第四章　传播知识的办公学习用品

位、电磁感应式几种类型，其中电磁感应式手写板由于定位精度高，能够检测使用者用笔的压力大小而得到广泛应用。电磁感应式手写板又可以细分为有线电磁式、无线有源式、无线无源式三种。目前应用较为广泛的为无线无源式手写板，代表品牌有Wacom、汉王等。下面我们简单介绍一下传统绘图板、现代绘图板。

传统绘图板是一块专门用来固定图纸的长方形木板，四周镶有硬木边框，是制图的主要工具之一。绘图板要求平整，板的四边要求平直光滑。图板应防止受潮、保晒，以免翘裂。图板有不同大小规格，制图时多用1号或2号图板。

现代绘图板，又叫数位板，是一种坐标输入装置，其作用是将操作者手写或绘画的轨迹输入到计算机里，再配合相应的识别或绘画软件来完成手写识别或绘画的功能，同时也有操作计算机的功能。此外，由于它采用的是绝对坐标工作方式（鼠标是相对坐标），因此能完成许多鼠标无法完美实现的功能，例如写字、绘画、检测到使用者压力的变化等。因此它也成为新时代数字创意产业的"妙笔"。

文具盒的来历

文具盒是大家所熟知的一种文具，一般是学生用来装铅笔、尺子、橡皮、小刀、圆珠笔、钢笔等文具的盒子。文具盒的质地很多，一般有木质、铁质、塑料制品，形状各异，多为长方体形状。其中，

不可或缺的人造生活——产

马口铁质文具盒上面没有过于花哨的图案，相对于木制和塑料的文具盒来说，铁质的不容易变形、损坏，另外它是非常实用的，很适合小学生使用。是较早出现的一种文具盒。塑料的文具盒色彩亮丽、图案丰富，且重量较轻便于携带，价格相对比较便宜，但没有铁质的文具盒抗摔、抗变形，很受中小学生的青睐，甚至大学生有时也会用。

木制的文具盒现在非常少见，它上面刻着各种各样的图形，但中小学生往往不会去用它，原因是色彩过于单调，所以使现在的木质文具盒逐渐稀少。但现在有不少商家用优质木材作为礼品盒使用。还有一种文具盒使用布做的，真名叫"笔袋"，是近几年中小学生的

民国木质文具盒

第四章 传播知识的办公学习用品

"文具盒新宠"。它携带方便、也很实用,很适合小朋友和学生使用。"笔袋"易清洗质量轻,但不抗压。受积压时,里面文具可能受损坏。

纸张的来历

纸张是记载和传播文化的重要工具之一,与人们的文化生活有着密切的联系。纸张的用途不仅限于人们的文化生活范围,而且已成为工业、农业和建筑等方面不可缺少的。纸是我国古代四大发明之一,是用以书写、印刷、绘画或包装等的片状纤维制品。早在西汉,我国已发明用麻类植物纤维造纸。上古时代,祖先主要依靠结绳纪事,以后发明甲骨文,开始用甲骨作为书写材料。后来又利用竹片和木片以及缣帛作为书写材料。但由于缣帛太昂贵,竹片太笨重,于是便导致了纸的发明。我国西汉时已开始了纸的制作,魏晋南北朝时期纸广泛流传,纸的名目有竹帘纸、藤纸、鱼卵纸、网纸、布纸。晋代时,纸取代帛简成为主要书写材料。蔡伦

蔡　伦

不可或缺的人造生活——产

在促进麻纸及皮纸生产方面起了很大作用。

纸按生产方式分为手工纸和机制纸。手工纸以手工操作为主，利用帘网框架、人工逐张捞制而成，适合于水墨书写、绘画和印刷用，如宣纸。机制纸是指以机械化方式生产的纸张的总称，如印刷纸、包装纸等。按纸张的厚薄和重量分为纸和纸板。一般以每平方米重200克以下的称为纸，以上的称为纸板。纸板主要用于商品包装。按用途分为新闻纸、印刷纸、书写纸、包装纸、生活卫生用纸、加工原纸、纸板、加工纸。目前我国出版、印刷上所使用的纸张种类主要有：道林纸（材料为木浆）、模造纸（纸浆为旧纸、破布）、铜版纸（是以模造纸为纸芯，在其表面加上一层涂料并轧光，使纸面的纤维缝隙填满，通常用来印制彩色印刷品）、雪面铜版纸（是于铜版纸之纸面再加涂料使之不反光）、圣经纸（全木纤维纸浆所制之薄纸，常

凸版印刷老贺卡

第四章 传播知识的办公学习用品

用来印制圣经)、再生纸(即将使用过的废纸加以回收处理,制成再生纸浆,以其取代原木纸浆所产出来的纸类,都可以称为再生纸)。

下面我们就来介绍一下常用纸张的分类知识。

◆ 凸版印刷纸

简称凸版纸,是采用凸版印刷书籍、杂志时的主要用纸,用于重要著作、科技图书、学术刊物、大中专教材等正文用纸。凸版纸按纸张用料成分配比的不同,可分为1号、2号、3号和4号四个级别。纸张的号数代表纸质的好坏程度,号数越大纸质越差。凸版印刷纸主要供凸版印刷使用。凸版纸具有质地均匀、不起毛、略有弹性、不透明,稍有抗水性有一定的机械强度等特性。凸版纸有卷筒与平版之分。凸版纸定量为每平方米50克重至80克重。品号分为特号、一号、二号三种。特号、一号凸版纸供印刷高级书籍使用,二号凸版纸主要用于印刷一般书籍、教科书、期刊。

◆ 新闻纸

新闻纸也叫白报纸,是报刊及书籍的主要用纸,适用于报纸、期刊、课本、连环画等正文用纸。新闻纸的特点有:纸质松轻、富有较好的弹性;吸墨性能好,这就保证了油墨了能较地固着在纸面上;纸张经过压光后两面平滑,不起毛,从而使两面印迹比较清晰而饱满;有一定的机械强度;不透明性能好;适合于高速轮转机印刷。新闻纸的包装形式有卷筒与平版之分。新闻纸定量为51克左右,主要供印刷报纸、期刊使用。这种纸是以机械木浆(或其他化学浆)为原料生产的,含有大量的木质素,不宜长期存放。保存时间过长,纸张会发黄变脆,抗水性能差,不宜书写。

不可或缺的人造生活——产

◆ 胶版印刷纸

简称胶版纸，定量为60~180克，有双面胶版纸和单面胶版纸之分。其中双面胶版纸70~120克使用最广。双、单面胶版纸品号都有特号、一号、二号三种。特号、一号双面胶版纸供印刷高级彩色胶印产品使用；二号双面胶版纸克供印制一般彩色印件；单面胶版纸主要用于印刷张贴的宣传画、年画。胶版纸主要供平版（胶印）印刷机或其他印刷机印制较高级彩色印刷品时使用，如彩色画报、画册、宣传画、彩印商标及一些高级书籍封面、插图等。胶版纸伸缩性小，对油墨的吸收性均匀、平滑度好，质地紧密不透明，白度好，抗水性能强。

◆ 铜版纸

铜版纸又称涂料纸，这种纸是在原纸上涂布一层白色浆料，经过压光而制成的。纸张表面光滑，白

铜板纸

第四章 传播知识的办公学习用品

度较高，纸质纤维分布均匀，厚薄一致，伸缩性小，有较好的弹性和较强的抗水性能和抗张性能，对油墨的吸收性与接收状态十分良好。铜版纸主要用于印刷画册、封面、明信片、精美的产品样本以及彩色商标等。铜版纸有单、双面两类。品号有特号、一号、二号三种。特号铜版纸供印刷150克以上网线的精致产品使用；一号铜版纸供印刷120~150网线的产品使用；二号铜版纸可印刷120克以下网线的产品。铜版纸不耐折叠。

另外还有：（1）画报纸。质地细白、平滑，用于印刷画报、图册和宣传画等。（2）书皮纸。定量为80~120克，主要供书刊作封面使用。（3）压纹纸。是专门生产的一种封面装饰用纸。颜色分灰、绿、米黄和粉红等色，一般用来印刷单色封面。（4）字典纸。分为一号、二号两种，定量为25~50克，字典纸吸湿性强，稍微受潮就会起皱。字典纸主要用于印刷字典、辞书、手册、经典书籍及页码较多、便于携带的书籍。（5）毛边纸。纸质薄而松软，呈淡黄色，没有抗水性能，吸墨性较好。毛边纸只宜单面印刷，主要供古装书籍用。（6）书写纸。是供墨水书写用的纸张，主要用于印刷练习本、日记本、表格和帐薄等，分为特号、1号、2号、3号和4号。（7）打字纸。是薄页型的纸张，纸质薄而富有韧性，主要用于印刷单据、表格以及多联复写凭证等。在书籍中用作隔页用纸和印刷包装用纸。（8）邮丰纸。在印刷中用于印制各种复写本册和印刷包装用纸。（9）拷贝纸。薄而有韧性，适合印刷多联复写本册；在书籍装帧中用于保护美术作品并起美观作用。（10）白版纸。伸缩性小，有韧性，折叠时不易断裂，主要用于印刷包装盒和商品装潢

衬纸。在书籍装订中，用于简精装书的里封和精装书籍中的径纸（脊条）等装订用料。有粉面白版与普通白版两类。（11）牛皮纸。具有很高的拉力，有单光、双光、条纹、无纹等，主要用于包装纸、信封、纸袋等和印刷机滚筒包衬等。（12）板纸。定量在250克/平方米以上的纸称为板纸，或叫纸板，主要用于制作精装书壳面的封面压榨纸板，和制作精装书、画册封套用的封套压榨纸板。

墨汁的来历

墨是中国古代书写和绘画用到的墨锭，主要原料是炭黑、松烟、胶等。通过砚用水研磨可以产生用于毛笔书写的墨汁，在水中以胶体的溶液存在。北魏贾思勰的《齐民要术》最早记述了制墨的方法："用上好烟捣细，过筛；一斤烟末和上五两好胶，浸在梣树皮汁中，再加五个鸡蛋白，又将一两朱沙，二两犀香捣细和入，放入铁臼，捣三万下。每锭墨不超过二三两，宁可小，不可大"。明代宋应星的《天工开物》中的《丹青》篇的《墨》章，对用油烟、松烟制墨的方法有详细的叙述。墨烟的原料包括桐油、菜油、豆油、猪油、和松木；制墨的配料包括鸡蛋白、鱼皮胶、牛皮胶和各种香料、药材，如丁香、紫草、秦皮、苏木、白檀、苏合香、珍珠等。将墨团分成小块放入铜模或木头模中，压成墨锭。墨锭形状有长方形、圆形、椭圆

第四章　传播知识的办公学习用品

形、半月形、圆柱形、鸟兽型等；图案有弥勒佛、十二生肖、松、凤、鹤、鱼、鸟、花等。

墨给人的印象似稍嫌单一，但却是古代书写中必不可缺的用品。借助于这种独创的材料，中国书画奇幻美妙的艺术意境才能得以实现。墨的世界并不乏味，而是内涵丰富。作为一种消耗品，墨能完好如初地呈现于今者，当十分珍贵。在人工制墨发明之前，一般利用天然墨、半天然墨来做为书写材料。墨的发明大约要晚于笔。史前的彩陶纹饰、商周的甲骨文、竹木简牍、缣帛书画等到处留下了原始用墨的遗痕。文献记载，古代的墨刑（黥面）、墨绳（木工所用）、墨龟（占卜）也均曾用墨。至汉代开始出现人工墨品。这种墨原料取自松烟，最初是用手捏合而成，后

墨

不可或缺的人造生活——产品

来用模制，墨质坚实。据东汉应劭《汉官仪》记载："尚书令、仆、丞、郎，月赐愉麋大墨一枚，愉麋小墨一枚。"愉麋在今陕西省千阳县，靠近终南山，其山右松甚多，用来烧制成墨的烟料，极为有名。

从制成烟料到最后完成出品，其中还要经过入胶、和剂、蒸杵等多道工序，并有一个模压成形的过程。墨模的雕刻就是一项重要的工序，也是一个艺术性的创造过程。墨之造型大致有方、长方、圆、椭圆、不规则形等。墨模一般是由正、背、上、下、左、右六块组成，圆形或偶像形墨模则只需四板或二板合成。内置墨剂，合紧锤砸成品。款识大多刻于侧面，以便于重复使用墨模时，容易更换。墨的外表形式多样，可分本色墨、漆衣墨、漱金墨、漆边墨。

中国画用墨也是很讲究的。墨分"油烟"和"松烟"两种，油烟墨用桐油或添烧烟加工制成；松烟墨用松枝烧烟加工制成。油烟墨的特点是色泽黑亮，有光泽；松墨的特点是色乌，无光泽。中国画一般多用油烟，只有着色的画偶然用松烟。但在表现某些无光泽物如墨蝴蝶，黑丝绒等，也最好用松烟。中国画的墨，一般是加工制成的墨锭，我们在选择墨锭时，就要看它的墨色。看墨泛出青紫光的最好，

民国松烟墨

第四章 传播知识的办公学习用品

黑色的次之，泛出红黄光或有白色的为最劣。磨墨的方法是要用清水，用力平均，慢慢地磨研，磨到墨汁浓稠为止。用墨要新鲜现磨，磨好了而时间放得太久的墨称为宿墨，宿墨一般是不可用的。但也有画家喜用宿墨作画，那只是个别的。我们现在有多种书画用墨汁，如"中华墨汁"、"一得阁"、"曹素功"等，可以代墨使用。

墨色浓淡之变化，可表现书法之韵味，如此书法之美遂多彩多姿。墨的种类主要有石墨与松烟。石墨是一种山石。上古无松烟墨，要写书法唯有使用石墨，以石墨做书之证亦有不少。但石墨做书自魏晋以后无闻，石墨之用于做书，乃在魏晋之前，后则为松烟所取代。松烟墨至魏晋之后取代石墨之地位。松烟起源甚早，至汉代已有名贵松烟。历代制墨名家中，享名最盛者为南唐李廷珪，相传其质地之坚硬，不亚于石墨。墨在公元2世纪时传入日本。在西方，制墨方法传到印度以后，演变成为绘画用的印度墨，是西方画师最爱的黑色颜料。制墨名家有南北朝张永，南唐徽州李廷圭，宋代张遇、潘谷、沈圭、梅鼎、张滋、潘衡、叶茂，元代吴国良、张万初，明代程君房、程君房、方于鲁、叶玄卿，清代曹素功、胡开文。

砚的来历

砚，又称砚台，被古人誉为文房四宝之首。因为墨须加水发磨始能调用，而发墨之石刑则是砚。其中有陶、泥、砖瓦、金

属、漆、瓷、石等，最常见的还是石砚。最著名的是广东肇庆的端砚、安徽的歙砚、山东鲁砚、江西龙尾砚、山西澄泥砚。砚台的讲究是：质细地腻、润泽净纯、晶莹平滑、纹理色秀、易发墨而不吸水。砚台的雕工制作早已形成一门艺术，从取石、就料、开型、出槽、磨平、雕花等都可运其匠心。砚需常洗，不得与沾染，每发墨必须砚净水新。墨锭则愈古旧愈好，因时间愈久其胶自然消解，但水不能储旧，而必须加新。如恐沾油，洗时可用莲蓬或旧茶叶刷涤。加水以微温为好，切勿以滚水价值加之，以防爆裂。所以书家不但应懂得用砚，还应会养砚。

砚是用于磨墨的文具，其原始形态为较平整的河光石。由于早期的墨为颗粒状或薄片状，未能作成墨锭，不便握持，因而秦、汉古砚多附有研杵、研石，用它压住墨粒研磨。所以称为砚台。在古代的文房书斋中，笔、墨、纸、砚构成四宝文具。湖北云梦睡虎地秦墓即出现石砚，呈不规则的圆形。汉代石砚的造型趋于规整，主要有圆形、长方形两种。圆砚多附三足且有隆起之盖，盖底当中留出凹窝，以备盖砚时容纳研子。精致的圆砚在盖面上常镂出旋绕的蟠螭纹。长方形

清瓷砚

第四章 传播知识的办公学习用品

砚原来只是一块石板，这种砚被称为黛砚。山东临沂金雀山11号汉墓所出长方形石砚，附漆砚盒，盖、底均绘有云气禽兽纹。汉代还有一种附铜砚盒的石砚，铜砚盒常作兽形。比如徐州出土的兽形铜砚盒，通体鎏金，满布鎏银的云气纹，杂嵌红珊瑚、绿松石和青金石，是珍贵文物。

晋代流行瓷砚，起初为圆形三足，形制大体沿袭汉代的圆砚。南北朝时的瓷圆砚下装一圈柱足，又被称作辟雍砚。这时也出现了箕形的风字砚。唐代开始讲究制砚之石材。以硬石制砚，如表面粗糙则易伤笔毫，如表面太滑又不利于发墨，故砚石须兼备坚硬、细腻易发墨等特点。根据这些标准，唐代选择广东肇庆所产端溪石制砚。端砚石质优美，磨墨无声，贮水不耗，腻而不滑，发墨不损毫，在唐代广泛流行。1965年广州动物公园出土的唐代风字形端砚，是唐代端砚的实物例证。除端溪石外，安徽婺源的歙溪石，也于开元年间开始开采。此外，唐代还制成澄泥砚，以山西绛州的最著名，澄泥砚常制成风字形、龟形。宋代，端、歙、鲁、洮等石材所制之砚已为书家普遍采用。形式除长方形的抄手砚外，还有各种象形砚以及特制的兰亭砚、石渠砚、杂形砚等。此时已注重石材的纹理美，端砚则贵其石眼，如鹦哥眼、凤眼等。明、清石砚除以石质取胜外，特别注重雕刻造型，式样繁多，砚式有鼎形、琴形、竹节、花樽、马蹄、新月、莲叶、古钱、灵芝、蟾蜍等。文人学士常在砚上题刻铭文，甚至镌刻肖像。

从唐代起，端砚、歙砚、洮河砚和澄泥砚，并称为"四大名砚"。

不可或缺的人造生活——产

◆ 端 砚

端砚是中国名砚的代表，始于唐代，盛于宋，产于广东高要、肇庆一带，颜色以紫色为主调，另有灰色、青黑色、青色、绿色。主要特点是石纹丰富，有青花纹、朱砂钉、五彩钉，另有形似动物眼睛的"石眼"。端砚的纹彩有青花、鱼脑冻、蕉叶白、玫瑰紫、胭脂火捺、猪肝紫、冰纹、翡翠、金星点、金银线、马尾纹、天青等，其中青花分玫瑰紫青花、子母青花、雨霖墙青花、蛤肚青花、蚁脚青花、点滴青花、鱼仔队青花等。端砚的石眼有鹤哥眼、鸡翁眼、猫儿眼、鸭鸽眼、绿豆眼等，以猫儿眼最奇妙，分为活眼、死眼和泪眼。鉴别砚时，用手指敲打砚，听

肇庆的端砚

第四章 传播知识的办公学习用品

其声。发出金属声的，表明石质坚硬、密度高；木声表明石质温和，密度低；若发出的声音似瓦声，则表明石质粗糙。

◆ 歙 砚

歙砚产于江西婺源与安徽歙县交界的龙尾山一带，始采于唐代开元年间（713—741），南唐时期兴盛起来。歙砚的石品分为罗纹类、眉子、眉纹类、金星、金晕类。罗纹砚，其纹如罗丝精细，其色青莹，其理坚密；金星罗纹是指砚面融有谷粒的结晶物，在光线照耀下犹如天空星斗，金星久研磨而不褪，且越磨越亮，是歙砚中的佳

歙 砚

品；眉子砚，"纹若甲痕，如人画眉，遍地成对"。

◆ 洮河砚

洮河砚产于甘肃临潭县境内洮河，已有1000多年的历史。洮河砚取材于深水之中，非常难得，是珍贵的砚材之一。洮河石质地细密晶莹，石纹如丝，似浪滚云涌，清丽动人。洮石有绿洮、红洮两种，以绿洮为贵。洮砚适用于雕刻大面积的图意，雕刻手法有浮雕、透雕、高浮雕。

◆ 澄泥砚

澄泥砚属陶瓷砚的一种非石砚材。制作方法是：以过滤的细泥为材料，掺进黄丹团后用力揉搓，再放入模具成型，用竹刀雕琢，待其干燥后放进窑内烧，最后裹上黑腊

澄泥砚

第四章 传播知识的办公学习用品

烧制而成。澄泥砚的制作始于晋唐时期，兴盛于宋朝。特点是质地坚硬耐磨，易发墨，且不耗墨。澄泥砚的颜色以鳝鱼黄、蟹壳青、玫瑰紫为主。河南灵宝、洛阳，河北钜鹿，山东青州，山西绛县，湖北鄂州，四川通州、江苏宝山等地是澄泥砚的著名产地。

文物百花园

古代文房用品

（1）笔架。又称笔格、笔搁，供架笔所用。往往作山峰形，凹处可置笔。

（2）笔筒。笔不用时插放其内。材质有瓷、玉、竹、木、漆，或圆或方。

（3）笔洗。笔使用后以之濯洗余墨。多为钵盂形、花叶形。

镇　纸

清·胡铁梅刻蕉竹双清臂搁

（4）墨床。墨研磨中稍事停歇，供临时搁墨之用。

（5）墨匣。用于贮藏墨锭。多为漆匣，以远湿防潮。漆面上常作描金花纹，或用螺细镶嵌。

（6）镇纸。又称书镇，作压纸或压书之用，以保持纸、书面的平整。

（7）水注。注水于砚面供研磨，多作圆壶、方壶、辟邪、蟾蜍、天鸡等形。

（8）砚滴。又称水滴、书滴，贮存砚水供磨墨之用。

（9）砚匣。又称砚盒，安置砚台之用，以紫檀、乌木为佳。

第四章 传播知识的办公学习用品

（9）印章。用于钤在书法，绘画作品上有名号章、闲章，多以寿山石、青田石、昌化石制成。

（10）印盒。又称印台、印色池，置放印泥。多为瓷、玉质。

（11）笔舔。又称笔砚，用于验墨浓淡或理顺笔毫，常制成片状树叶形。

（12）臂搁。又称秘阁、搁臂、腕枕，写字时为防墨玷污手，垫于臂下的用具。呈拱形，以竹制品为多。

（13）诗筒。日常吟咏唱和书于诗笺后，可供插放的用具。多以竹制。

复印机的来历

复印机是一种可将文件及影像快捷及廉宜地复印到纸上的仪器，由施乐在20世纪60年代开发，后逐渐取代碳纸复印技术。复印机在商业、教育及政府机构中被广泛应用。有人曾经估计，在越来越多以数码技术制作文件内容下，复印机会逐渐衰微。但复印机在复制文件这种简单工作上，确实比电脑更方便。1800年，英国人詹姆斯·瓦特发明了文字复制机，是今日数码复印机的前身。复印机的发明人车士打·卡尔迅是一位律师。他在纽约专利办公室的工作需要复制大量重要文件。卡尔迅视复制文件为痛苦及单调的工作。这鼓励了他进行

不可或缺的人造生活——产品

有关影像传导的实验，1938年他使用以硫磺掩盖的锌片制造了第一个"复印机"。卡尔迅打算将他的发明出售给一些公司，但由于这个处理过程还不成熟。加上当时的人们对于电子复印机没有强烈的需求。于是在1939年到1944年间，卡尔迅被20多个公司拒绝。

1944年，一个位于俄亥俄州哥伦布的非盈利组织与卡尔迅签订合同完善他的新工艺。1947年Haloid获得授权来开发复印机。Haloid和卡尔迅将名字更改为"Xerography"。Haloid决定将新的复印机称为"施乐"，1948年施乐成为商标。1949年，施乐公

激光彩色复印机

第四章 传播知识的办公学习用品

司开发了第一个称为型号A的静电图像复印机。施乐公司取得了如此大的成功,以至于复印技术被大众称为"Xeroxing"。随着技术进步,诞生了静电复印技术,首先在硒鼓上生成一个高对比度的静电影像,然后一种可熔化的塑料粉末(称为墨粉)转送到普通纸上,经过加热熔化到纸张上,这个过程类似于激光打印机中使用的技术。技术进步带来了彩色复印和静电复印艺术在20世纪70年代和80年代的发展。第一款静电彩色复印机是佳能公司在1973年发布的。不过由于彩色复印机使伪钞的制造变得容易,而成为各国政府担忧的对象。

近年来,高档复印机采用了数码技术,有效地将扫描仪和激光打印机组合成复印机。一些数码复印机能够作为高速扫描仪使用,一些型号能够通过电子邮件发送文档或者能够在局域网中共用。复印机主要运用静电技术进行工作,其工作过程包括充电、曝光、显影、转印、定影、清洁。复印机的著名品牌有震旦、佳能、HP(惠普)、京瓷、松下、理光、三星、夏普、东芝、富士施乐、方正、柯尼卡美能达。

知识百花园

复印机

复印机是从书写、绘制或印刷的原稿得到等倍、放大或缩小的复印品的设备。复印机复印的速度快,操作简便,与传统的铅字印刷、蜡纸

油印、胶印等的主要区别是无需经过其他制版等中间手段,而能直接从原稿获得复印品。20世纪初,文件图纸的复印主要用蓝图法和重氮法。重氮法较蓝图法方便、迅速,得到广泛的应用。后来又出现染料转印、银盐扩散转印和热敏复印等多种复印方式。1938年,美国的卡尔森将一块涂有硫磺的锌板用棉布在暗室中摩擦,使之带电,然后在上面覆盖以带有图像的透明原稿,曝光之后撒上石松粉末即显示出原稿图像。这是静电复印的原始方式。1950年,以硒作为光导体,用手工操作的第一台普通纸静电复印机问世;1959年又出现了性能更为完善的914型复印机。自此以后,复印机的研究和生产发展很快。静电复印已成为应用最广的复印方法。60年代开始了彩色复印的研究,所用方法基本上为三基色分解,另加黑色后成为四色复印。70年代后期,在第三次国际静电摄影会议上发表了用光电泳方法一次彩色成像的研究报告,这比以前所采用的方法又前进了一步。到了90年代又出现了激光彩色复印机。

打字机的来历

打字机是代替手工书写、誊抄、复写和刻制蜡板的机器。19世纪,办公室办事员坐在高级写字台旁,用手费劲地写着各种东西。定货单、发货清单、商务函件和报表,全都是用笔蘸墨水写成的。因此许多人试图发明一种使这个工作变得容易些、快速些,并且更为有效的机器。1714年,英国工程师亨利·米尔获得了一项关于写字机器

第四章 传播知识的办公学习用品

的专利，但没有留下这个东西的任何图样。以后相继发明了多种不同类型的打字机，但都没有具备实际使用价值，未能正式生产。世界上最早的打字机诞生于1808年，是由意大利人佩莱里尼·图里发明。后来这台打字机失传。首次投入商品化生产的英文打字机是由丹麦哥本哈根的尤尔根斯机械公司出品的，发明人是马林·汉森神甫。第一台实用打字机的设计者是一位美国人克里斯多弗·拉撒姆·肖尔斯，制作了一架木制的打字机模型，设计的字盘是大写和小写字母分别有自己的键，键盘上有78个键。1874年这种打印机正式进入市场，很快得到推广，英国、德国、瑞士、瑞典、意大利等国纷纷相继制造。1927年，打字机在整个欧洲、美洲的办公室里已是平常之物。到了20世纪70年代后期，随着计算机技术的发展，在美国出现了电脑打字机。电脑打字机又称文字处理

打字机

机，不仅可以打字，还具有存贮功能，修改、编辑也很方便。除了英文等以字母直接构成语种的电脑打字机外，世界各地还出现了中文、日文、朝文等方块文字的电脑打字机。中国于20世纪初试制成舒式和俞式两种中文打字机，70年代开始生产拼音文字打字机。

打字机使用时，通过敲击键盘上的某一个按键，该按键对应的字符的字模会打击到色带上，从而在纸或其他媒介上打出该字符。每一次字符的敲打，打字机都会

不可或缺的人造生活——产

把纸向左移动，以备打印下一个字符。打字机的文字字符键是按照"QWERTY"顺序排列的，分为三行。除了一般的字符键外，打字机还有空格、回车、换行、上移等一些功能键。打字机键盘对后来计算机键盘有很大影响。打字机有硬打、软打两种打字方式。硬打是将字母或字头直接击打辊筒，属机械打字方式；软打是以点阵，通过喷墨、针式、热敏转印、激光等方法打出字迹，属电子打字方式。

打字机按文字形式可分为整字文字（如中文）打字机和拼音文字（如英文）打字机两种。中文打字机通常为整字文字打字机，由机身、机架、字盘、拖板、横格器、直格器、色带、辊筒架、辊筒等部件组成。字盘可容纳常用汉字2400多个，另有备用字3600多个。打字时，机身上的字锤通过联动机构从字盘上抽取字母，然后敲击固定在辊筒上的色带或蜡纸上，后自动复位，落到原来的字格孔内。机械式拼音文字打字机，通常由机身、机头、键盘、色带、打字装置等组成。打字时，按动字母揿钮，通过各种不同几何尺寸的钩子，起动字排，打击到皮辊上，再由钢丝弹簧的拉力使字盘回复到原来的位置。

另外，打字机按大小可分为手提式打字机和标准式打字机（台式打字机）；按操作结构性能可分为机械式打字机（属手动打击式，是早期的打字机）、电动打字机（属触及式，打字力量轻，打出的字体轻重一致、颜色均匀，换行快速准确）、电子打字机（属智能型，设计上融合了机械和电子技术，功能包括程序化的改错装置、记忆装置、定位自动打表格装置等，打字噪声指数较低。又分为手写打字机、声控打字机、光笔打字机和图文打字机）。

如今，随着微电子技术和计算机技术的迅猛发展，各种新型的电子打字机、微型计算机、图文传真机等现代化办公和文字信息处理设备不断涌现，向自动控制和高速打印方向发展。20世纪80年代以来，进一步向智能化方向发展，出现带液晶显示的打字机、有存储装置的打字机、针打打字机、与通信设备连用的电传打字机，以及与电子计算机连用的输入、输出打字机等。

电话机的来历

电话是通过电信号双向传输话音的设备，亚历山大·格拉汉姆·贝尔是电话的发明者。"电话"一词是日本人造的汉语词，后

亚历山大·格拉汉姆·贝尔

不可或缺的人造生活——产

传入中国。1876年3月10日亚历山大·贝尔发明电话机以后，电话机已经成为生活必需品。贝尔发明的电话机与众不同，超越了复杂的莫尔斯电码方式，如今成为现代社会的生活必需品。最初的电话机是由微型发电机和电池构成的磁石式电话机，打电话时需要用手发动磁石发动机。1877年，爱迪生发明了碳素送话器和诱导线路后，通话距离延长。同一年又发明了共电式电话机。1891年终于发明了自动式电话机。电话按不同标准可分为无线电话、无绳电话、电话子母机、数字无绳电话、模拟无绳电话、移动电话、手机、小灵通（无线市话）、可视电话、集团电话、IP电话（IP Phone）、热线电话、公用电话、市话、长途电话、卫星电话、语音电话、海事电话、磁卡电话等。

磁石电话机是世界上最早投入使用的电话机。制作材料有木质、铜质、铸铁、不锈钢及胶木等，类型有墙式机、台式机和便

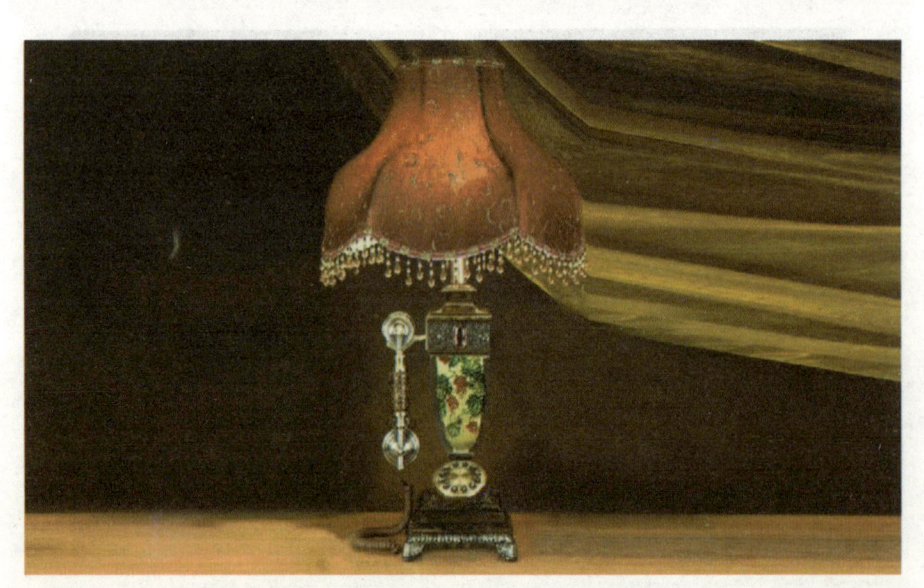

电　话

第四章 传播知识的办公学习用品

携式机几大类，其中最重要的类别就在于手摇发电机的摇柄所处的位置不同。可以分为两个大类：一类是摇柄在话机右侧；另一类是摇柄置于话机前面中央处。电话机的基本结构包括电话电源线、电话线、收线开关、受话器、增音按钮、送话器、本机号码片、铃声及免提喇叭、记忆代码键、记忆号码片、数字按键、记忆取出键、记忆储存键、重拨键、工作指示灯、免提键、R键、免提送话器、铃声调节开关、P/T开关、免提接收音量调节旋钮等。

历史上对电话的改进和发明包括：碳粉话筒，人工交换板，拨号盘，自动电话交换机，程控电话交换机，双音多频拨号，语音数字采样等。近年来的新技术包括ISDN、DSL、模拟移动电话和数字移动电话等。电话系统包括：（1）固定电话系统。通常称为公用电话交换网（PSTN）。在交换机与用户之间通常以铜线连接。近年来，光纤部分地替代了铜线。通话所使用的频率范围为0~3.5千赫兹。更高的频率在接入交换局时被滤掉。模拟话音信号进一步被采样量化成为数字信号，以便在数字交换传输网络中传递。（2）端局。是指用户拥有直接连线连接的交换机。用户线是指用户与端局之间的线路。中继线是指连接不同交换机的电路。中继线群是指一组介于同样两个交换机之间的中继线。（3）自动电话系统。通常使用数字组合来代表和寻址不同的用户，也就是电话号码。电话号码系统通常会区分本地电话、长途电话和国际电话。拨打本地电话通常可以直接拨本地号码。长途电话则需拨长途（字冠国际电信联盟，推荐使用"0"），加国内长途区号和本地号码。国际电话则需拨国际长途字冠（ITU推荐使用"00"）、

国际长途区号、国内长途区号和本地号码。美国和加拿大使用"1"作为国内长途字冠，"011"为国际长途字冠。国际长途区号请参见国际长途电话区号表。大型企业或机构通常会使用专用电话交换机（PBX）。专用交换机使用系统内部的号码，通常也同时占用公用电话号码的某一区段。一些大型公司的内部电话网连接不同的城市甚至不同的国家。多数PSTN网络在用户和端局之间使用模拟信号传输。

（4）综合业务数字网（ISDN）则是使用数字信号来连接用户和端局的系统。

传真机的来历

传真机是一种用以传送文件复印本的电讯技术，使用成本可负担的设备及电话网络。传真技术要追溯到20世纪70年代中期。传真机首先在日本流行，到20世纪80年代中期，传真机经已在全世界流行起来。时至今日，传真功能多与扫描、打印、影印等功能，整合成多功能打印机。家庭传真机的用途则由电子邮件取代。苏格兰发明家Alexander Bain于1843年取得的专利，被认为是与传真机的出现有关，他制作了第一个由前至后逐行扫描机制。1861年，第一部传真机Pantelegraph由Giovanni Caselli出售。1924年，RCA的一位设计师Richard H. Ranger发明了wireless photoradiogram，或无线电传真，是今日传真机的前身。1924年11月29日，美国总统卡尔文·柯立芝的照片由纽约传送至伦敦，成为首幅以无线电传真技术传送的影像。早期的传真方法Hellschreiber在1929年被Rudolf Hell发明，是当时机械影像扫描及传送的先驱。早期的传真机采用阿摩尼亚水来作显影液。1985年，GammaLink的创办人Hank Magnuski博士，制作第一张电脑传真扩充卡GammaFax。

传真机其实是影像扫描器、调制解调器及电脑打印机的一种合体，扫瞄仪把文件的内容转化成数码影像，调制解调器则把影像资料透过电话线传送，在另一端的打印机则把影像变成原文件的复印本。20世纪70年代至90年代的传真机通常采用热感打印技术。90年代中期开始，渐渐转为以热传打印及喷墨打印技术为主流。喷墨打印的一个优点，是可以合理价格印制出彩色文件，因此不少喷墨打印传真机都声称具有彩色传真功能。传真机的现代代替品就是透过电子邮件，把电脑影像档案以附件方式传送。现时的传真机大多数都采用喷墨或雷射打印。

传真机使用黑白模式，以100×200或200×200dpi的分辨率，每分钟约可传送一页或以上的印刷或手写文件。传送速率为14.4kbit/s（千比特每秒）或更高，传真机支援由2400比特每秒起的速率。传真机最基本的传真模式只可传送黑白影像，A4大小的原文件以每行1728像素及每页1145行扫描，所得的资料将以专为手写文字优化的哈夫曼编码技术压缩。传真机以9600比特每秒的速率，每页1728×1145比特，平均1页需要10秒传送，相比下未经压缩的资料则需要3分钟作传送。用以传送传真的编码技术有：改良哈夫曼编码、Modified READ、Modified Modified READ；传真机采用多种电话线调制技术，由调制解调器接通时的握手决定，传真机会使用双方皆支援的最高传送速度，通常最低为14.4千比特每秒。

知识百花园

传真机

传真机是应用扫描和光电变换技术,把文件、图表、照片等静止图像转换成电信号,传送到接收端,以记录形式进行复制的通信设备。1842年,英国人贝恩提出传真原理。1913年,法国人贝兰研制出第一台传真机。随着大规模集成电路、微处理机技术、信号压缩技术的应用,传真机正朝着自动化、数字化、高速、保密和体积小、重量轻的方向发展。目前市场上常见的传真机可以分为四大类:热敏纸传真机(也称为卷筒纸传真机);热转印式普通纸传真机;激光式普通纸传真机(也称为激光一体机);喷墨式普通纸传真机(也称为喷墨一体机)。而市场上最常见的就是热敏纸传真机和喷墨/激光一体机。

传真机按其传送色彩,可分为黑白传真机和彩色传真机。按占用频带可分为窄带传真机(占用一个话路频带)、宽带传真机(占用12个话路、60个话路或更宽的频带)。占用 1个话路的文件传真机,按照不同的传输速度和调制方式可分为以下几类:①采用双边带调制技术,每页(16开)传送速度约6分钟的,称为一类机;②采用频带压缩技术,每页传送速度约 3分钟的,称为二类机;③采用减少信源多余度的数字处理技术,每页传送速度约 1分钟的,称为三类机;④将可与计算机并网、能储存信息、传送速度接近于实时的传真机,定为四类机。按用途可分

第四章 传播知识的办公学习用品

为气象图传真机、相片传真机、文件传真机、报纸传真机等。记录方式多用电解、电磁、烧灼、照相、感热和静电记录等。

知识百花园

投影仪、碎纸机与扫描仪

投影仪是利用光学投影系统把被测件放大后进行测量的长度测量工具。投影仪主要用于测量复杂形状工件，如成形刀具、样板、凸轮、仪表零件、电子元件的轮廓形状和表面尺寸等。一般采用透射式光学投影系统，但也有带有反射式光学投影系统的。前者主要用于测量薄工件的轮廓尺寸；后者主要用于测量工件端面上的形状和尺寸等。

碎纸机是由一组旋转的刀刃、纸梳和驱动马达组成的。纸张从相互咬合的刀刃中间送入，被分割成很多的细小纸片，以达到保密的目的。碎纸方式是指当纸张经过碎纸机处理后被碎纸刀切碎后的形状。根据碎纸刀的组成方式，碎纸方式有碎状、粒状、段状、沫状、条状、丝状等。不同的碎纸方式适用于不同的场合，如果是一般性的办公场合则选择段状、粒状、丝状、条状的就可以。但如果是用到一些对保密要求比较高的场合就一定要用沫状的。当前采用四把刀组成的碎纸方式是最先进的工作方式，碎纸的纸粒工整利落，能达到保密的效果。

扫描仪是一种高精度的光电一体化的高科技产品，是将各种形式的图像信息输入计算机的重要工具，是继键盘和鼠标之后的第三代计算机

不可或缺的人造生活

输入设备。扫描仪是功能极强的一种输入设备。人们通常将扫描仪用于计算机图像的输入，而图像这种信息形式是一种信息量最大的形式。从最直接的图片、照片、胶片到各类图纸图形以及各类文稿资料，都可以用扫描仪输入到计算机中，进而实现对这些图像形式的信息的处理、管理、使用、存贮、输出等。

办公学习用品

第五章

生产利器——机械产品

不可或缺的人造生活——产品

机械，源自于希腊语之mechine及拉丁文mecina，原指"巧妙的设计"，可以追溯到古罗马时期，主要是为了区别与手工工具。机械的特征有：是一种人为的实物构件的组合；机械各部分之间具有确定的相对运动；能代替人类的劳动以完成有用的机械功或转换机械能。西方最早的"机械"定义为古罗马建筑师维特鲁威在其著作《建筑十书》中的定义，即"机械是把木材结合起来的装置，主要对于搬运重物发挥效力"。机械和工具的区别在于：机械是以多数人工和很大的力量而发生效果的；而工具则是一名操纵人员慎重地处理来达到目的的。机械的种类繁多，按功能可分为物料搬运机械、粉碎机械、热力机械、流体机械、蒸汽动力机械、核动力装置、内燃机、燃气轮机等；按服务的产业分为农业机械、矿山机械、纺织机械等；按工作原理分为热力机械、流体机械、仿生机械等。另外，机械在其研究、开发、设计、制造、运用等过程中都要经过几个工作性质不同的阶段。按这些不同阶段，机械工程可划分为机械科研、机械设计、机械制造、机械运用和维修等。接下来，本章我们就来说一说机械产品中的农业机械产品、矿山机械产品、工程机械产品、电工机械产品、锻压机械产品、造纸机械产品、包装机械产品、基础机械产品、环保机械产品以及仪器仪表等。

农业机械产品

简单介绍一下农业机械产品中的拖拉机、播种机和收割机。

◆ **拖拉机的来历**

拖拉机来自拉丁语中的 trahere，意思是"拉"，是一种用来拖拉，牵引其他不能自行移动设备的装备。一般来说，它是一种用来拖拽其他车辆或设备的车辆。拖拉机分为轮式和履带式两种，最早

蒸汽拖拉机

不可或缺的人造生活——产

的拖拉机使用的是铁轮,不仅笨重、容易陷车,而且经常会压伤植物的根。一般说来,拖拉机专指农业上使用的拖拉机。19世纪中叶,拖带农具在田间工作的蒸汽拖拉机已在英、美等国得到应用,但蒸汽机操作劳动量大,限制了这种拖拉机的发展。19世纪和20世纪早期,最早出现的机械化农业设备是蒸汽拖拉机。采用安全性不高,容易爆炸及困惑驾驶员的蒸汽引擎,使用履带驱动。这些机器在20世纪20年代由于内燃机的推行而逐步淘汰。

19世纪后期,内燃机获得迅速发展并在拖拉机上得到应用。1892年,美国的弗罗希利奇制造了第一辆以汽油机为动力的农业用拖拉机。拖拉机从20世纪初开始进入实用发展阶段,在欧美各国逐步推广应用。30年代,充气轮胎取代了过去带锥形齿的铁轮,提高了拖拉机的工作速度和生产率,改善了燃油

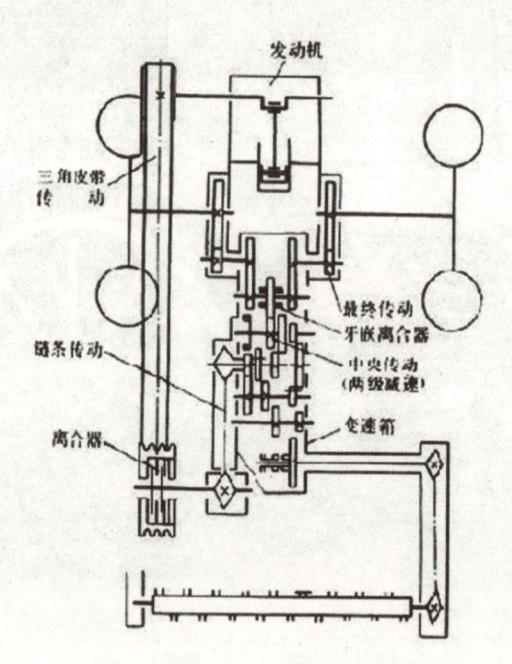

弗罗希利奇第一台农用拖拉机构机图示

第五章　生产利器——机械产品

经济性和拖拉机的行驶平顺性。同一时期，英国创制液压控制的三点悬挂装置，使拖拉机及其配套工作机具形成为有机联系的整体，大大地简化了工作机具的升降操纵，提高了作业质量。农业拖拉机被用于拖拽农业机械或拖车，用以耕作，收割或其他类似的任务。

现代拖拉机的基本结构仍与30年代的大体相同，但在性能和结构上都有大幅度的提高和改进。其标志是：具有高的生产率和经济性指标；从动力输出到各种操纵机构广泛采用液压技术；可靠性和耐久性有很大提高；乘坐的舒适性、安全性和操作方便性大为改善。现代农用拖拉机通常有四个脚踏板供驾驶者操纵。左边的脚踏板用于操纵离合器，驾驶者踩下此踏板使变速箱分离，以便换档或使拖拉机停下来。右边的两个踏板刹车，分别用来制动左右后轮，在后轮驱动车辆中采用这种方式，可以增大车辆的转向角度。在急转弯时经常会遇到这种情况。同样，在泥浆或软土上行驶时，车辆经常打滑，所以也会用到。驾驶者同时踩下两个踏板使拖拉机停下来。当四轮驱动拖拉机以一定速度行驶时，通过接合四轮锁止式差速器使拖拉机停止下来。

中国的拖拉机工业是在中华人民共和国成立后才发展起来的。在此之前，仅有少量引进的拖拉机用于农田、推土和铲运等作业。1959年，中国第一拖拉机制造厂投入生产。此后又先后兴建了天津拖拉机厂、长春拖拉机厂、江西拖拉机厂、鞍山拖拉机厂、松江拖拉机厂和上海拖拉机厂等。60年代后期和70年代，大部分省、市都建立了地方的手扶拖拉机和小型拖拉机制造厂，从而在中国形成了生产各种功率等级和类型的拖拉机体系。中国绝大多数农业经营单位规模较小，水田地区和山区地块面积小，因而在农业用途上大多数为中小功率拖

不可或缺的人造生活——产

拉机。

◆ 播种机的来历

公元前1世纪，中国已推广使用耧，这是世界上最早的条播机具，今仍在北方旱作区应用。1636年在希腊制成第一台播种机。1830年俄国人在畜力多铧犁上制成犁播机。1860年后，英美等国开始大量生产畜力谷物条播机。20世纪后相继出现了牵引和悬挂式谷物条播机，以及运用气力排种的播种机。

50年代发展精密播种机。中国从20世纪50年代引进了谷物条播机、棉花播种机等。60年代，先后研制成悬挂式谷物播种机、离心式播种机、通用机架播种机和气吸式播种机等多种类型，并研制成磨纹式排种器。70年代，已形成播种中耕通用机和谷物联合播种机两个系列，同时研制成功了精密播种机。

播种机可以分为如下几种类型：一是撒播机。即能够使撒出的种子在播种地块上均匀分布的播种

耧

第五章 生产利器——机械产品

散播机

机。常用的机型为离心式撒播机，附装在农用运输车后部。由种子箱和撒播轮构成。种子由种子箱落到撒播轮上，在离心力作用下沿切线方向播出，播幅达8～12米。也可撒播粉状或粒状肥料、石灰及其他物料。撒播装置也可安装在农用飞机上使用。二是条播机。常用的有谷物条播机，作业时，由行走轮带动排种轮旋转，种子按要求由种子箱排入输种管并经开沟器落入沟槽内，然后由覆土镇压装置将种子覆盖压实。其结构一般由机架、牵引或悬挂装置、种子箱、排种器、传动装置、输种管、开沟器、划行器、行走轮和覆土镇压装置等组

成。主要用于谷物、蔬菜、牧草等小粒种子的播种作业。三是穴播机。又称中耕作物播种机，即按一定行距和穴距，将种子成穴播种的种植机械。每穴可播1粒或数粒种子，分别称单粒精播、多粒穴播，主要用于玉米、棉花、甜菜、向日葵、豆类等中耕作物。每个播种机单体可完成开沟、排种、覆土、镇压等整个作业过程。四是精密播种机。即以精确的播种量、株行距和深度进行作业的播种机，具有节省种子、免除出苗后的间苗作业、苗距整齐的优点。一般是在穴播机各类排种器的基础上改进而成。也有事先将单粒种子按一定间距固定的纸带播种，或使种子垂直回转运动的环形橡胶或塑料制种带孔排入种沟。五是联合作业机和免耕播种机。其与土壤耕作、喷撒杀虫剂、除莠剂和铺塑料薄膜等项作业组成联合作业机，能一次完成上述各项作业。在谷物条播机上加设肥料箱、排肥装置，即可在播种的同时施肥。免耕播种机是在前茬作物收获后直接开出种沟播种，以防止水土流失、节省能源，降低作物成本。

◆ 收割机的来历

收割机是割倒稻、麦等作物的禾秆，并将其铺放在田间的谷物收获机械。1799年，英国最早出现马拉的圆盘割刀收割机。1822年，在割刀上方增加了拨禾装置。1826年，出现采用往复式切割器和拨禾轮的现代收割机雏型，用多匹马牵引并通过地轮的转动驱动切割器。1831—1835年，类似的畜力小麦收割机在美国成为商品。1851年，出现能将割倒的禾秆集放成堆的摇臂收割机。1920年，以后由于拖拉机的普遍使用，同拖拉机配套的收割机开始取代畜力收割机。中国于1952年开始生产畜力摇臂收割机和

第五章　生产利器——机械产品

马拉的圆盘割刀收割机

其他类型的畜力收割机；1962年开始发展机力卧式割台收割机和机侧放铺禾秆的立式割台收割机。为适应北方小麦、玉米间套作地区收获小麦的需要，于1977年研制成机后放铺禾秆的立式割台收割机。

收割机根据割台的类型分为卧式割台收割机和立式割台收割机两种。一、卧式割台收割机。是由拨禾轮、一条或前、后两条帆布输送带、分禾器、切割器和传动装置等组成。作业时，往复式切割器在拨禾轮压板的配合下，将作物割断并向后拨倒在帆布输送带上，输送带将作物送向机器的左侧。双条输送带由于后

输送带较前输送带长,使穗头部分落地较晚,而使排出的禾秆在地面铺成同机器行进方向成一偏角的整齐禾条,便于由人工捡拾打捆。卧式割台收割机对稻、麦不同的生长密度、株高、倒伏程度、产量等的适应性较好,结构简单;但纵向尺寸较大,作业时机组灵活性较差,多同15千瓦以下的轮式或手扶拖拉机配套,割幅小于2.0米,每米割幅每小时可收小麦4~5亩。

二、立式割台收割机。是将被割断的作物直立在切割器平面上,紧贴输送器被输出机外铺放成条的机械。立式割台收割机有侧铺放和后铺放两种。侧铺放型收割机由分禾器和拨禾星轮(或拨禾指轮)、切割器、横向立式齿带输送器等组成。割下的作物被拨禾星轮拨向输送器上下齿带,输送器将其横向输送到机器一侧铺放。后铺放型收割机则在两分禾器间每30厘米增设一组带拨齿的拨禾三角带、星轮和压禾弹条,使禾秆在横向输送过程中保持稳定的直立状态,到达机器右侧后由一对纵向输送带向后输送,禾秆在压禾板的配合下在机器后方铺放成条。这种机型在套种玉米的情况下可不致将禾条压在玉米苗上,其割幅等于两行玉米间的小麦畦宽。立式割台收割机结构紧凑,纵向尺寸小,轻便灵活,操纵性能好,适于在小块地上收割稻、麦。多同7~9千瓦的手扶拖拉机或15千瓦左右的轮式拖拉机配套。

第五章　生产利器——机械产品

矿山机械产品

矿山机械主要种类有采矿机械、采掘机械、钻孔机械、掘进机械、采煤机械、石油钻采机械、选矿机械、烘干机械。矿山机械中的采矿机械是直接开采有用矿物和采准工作所用的机械设备，包括：开采金属矿石和非金属矿石的采掘机械；开采煤炭用的采煤机械；开采石油用的石油钻采机械。第一台风动圆片采煤机是由英国工程师沃克设计的，约于1868年制造成功。19世纪80年代，美国有数百口油井用蒸汽为动力的冲击钻钻凿成功，1907年，又用牙轮钻机钻凿油井和天然气井，并从1937年起用于露天矿钻进。

矿山机械中的采掘机械是用于井下和露天矿山开采的采掘机械，主要有：钻炮孔用的钻孔机械；挖装矿岩用的挖掘机械和装卸机械；钻凿天井、竖井和平巷用的掘进机械。矿山机械中的钻孔机械分为凿岩机和钻机两类，钻机又有露天钻机和井下钻机之分。凿岩机是用于在中硬以上的岩石中钻凿直径为20～100毫米、深度在20米以内的炮孔。按动力分为风动、内燃、液压和电力凿岩机，其中风动凿岩机应用最广。露天钻机分为钢绳冲击钻机、潜孔钻机、牙轮钻机和旋转钻机。井下钻机是钻凿孔径小于150毫米的井下炮孔时，除应用凿岩机外还可应用80～150毫米的小直径潜孔钻。

矿山机械中的掘进机械是利用刀具的轴向压力和回转力对岩面的

223

辗压作用，直接破碎矿岩的成巷或成井机械设备。所用刀具有盘形滚刀、楔齿滚刀、球齿滚刀和铣削刀具。按掘进巷道的不同，分为天井钻机、竖井钻机和平巷掘进机。天井钻机是专门用于钻凿天井和溜井，一般不需进入天井操作，用牙轮钻头先钻导向孔，用盘形滚刀组成的扩孔器向上扩孔。竖井钻机是专门用于一次钻凿成井，由钻具系统、回转装置、井架、钻具提升系统和泥浆循环系统组成。平巷掘进机是将机械破岩与排渣等工序结合起来并连续进掘的综合机械化设备，主要用于煤巷、软矿中的工程隧道和中等硬度以上矿岩的中平巷掘进。

矿山机械中的采煤机械作业已由50年代的半机械化发展到80年代的综合机械化。综合机械化采煤广泛应用浅截深式双（单）滚筒联合采煤机、刨煤机、可弯曲刮板输送机和液压自移支架等设备，使回采工作面的破碎落煤、装煤、运输、支护等环节实现全面的综合机械化。双滚筒采煤机是落煤机械。电动机经截割部分减速机把动力传递给螺旋滚筒落煤，机器的移动靠电动机经牵引部分传动装置来实现。牵引方式基本上有两种，即锚链牵引和无锚链牵引。锚链牵引借助牵引部分的链轮与固定在运输机上的锚链啮合而实现。

矿山机械中的石油钻采机械，是陆地石油钻采机械。按开采工序分为钻井机械、采油机械、修井机械和维持油井高产的压裂、酸化机械。钻井机械为开发石油或天然气而钻探或打生产井的全套机械设备。石油钻井机包括井架、绞车、动力机、泥浆循环系统、滑车装置系统、转盘、井口装置和电气控制系统。其中井架用于装置天车、游动滑车和大钩等，吊升其他重物上下钻台，悬挂井内钻具进行钻进。

选矿是在所采集的矿物原料

中，根据各种矿物物理性质、物理化学性质和化学性质的差异选出有用矿物的过程。实施这种过程的称为选矿机械。矿山机械中的选矿机械按选矿流程分为破碎、粉磨、筛分、分选（选别）和脱水机械。破碎机械常用的有颚式破碎机、旋回破碎机、圆锥破碎机、辊式破碎机和反击式破碎机等。粉磨机械中使用最广的是筒式磨机，包括棒磨机、球磨机、砾磨机和自磨机等。筛分机械中常用的有惯性振动筛和共振筛。水力分级机和机械分级机是湿式分级作业中广泛使用的分级机械。

矿山机械中的烘干机械主要有煤泥专用烘干机，是在滚筒干燥机的基础上开发研制而成的新型专用干燥设备，可广泛应用于：煤炭行业煤泥、原煤、浮选精煤、混合精煤等物料的干燥；建筑行业高炉矿渣、粘土、澎润土、石灰石、沙子、石英石等物料的干燥；选矿行业各种金属精矿、废渣、尾矿等物料的干燥；化工行业非热敏性物料的干燥。

工程机械产品

工程机械产品广泛用于建筑、水利、电力、道路、矿山、港口和国防等工程领域，种类繁多。按其用途主要分为挖掘机械、铲土运输机械、起重机械、压实机械、路面机械、冶金机械等。

◆ 挖掘机械

挖掘机，又称挖掘机械，是用铲斗挖掘高于或低于承机面的物

不可或缺的人造生活——产

料,并装入运输车辆或卸至堆料场的土方机械。挖掘的物料主要是土壤、煤、泥沙以及经过预松后的土壤和岩石。从近几年工程机械的发展来看,挖掘机的发展相对较快,而挖掘机作为工程建设中最主要的工程机械机型之一,其正确的选型也就显得更为重要。

第一台手动挖掘机问世至今已有130多年的历史,期间经历了由蒸汽驱动斗回转挖掘机到电力驱动和内燃机驱动回转挖掘机、应用机电液一体化技术的全自动液压挖掘机的逐步发展过程。

由于液压技术的应用,20世纪40年代有了在拖拉机上配装液压反铲的悬挂式挖掘机,20世纪50年代初期和中期相继研制出拖式全回转液压挖掘机和履带式全液压挖掘机。初期试制的液压挖掘机是采用飞机和机床的液压技术,缺少适用于挖掘机各种工况的液压元件,

挖掘机

第五章 生产利器——机械产品

制造质量不够稳定，配套件也不齐全。从20世纪60年代起，液压挖掘机进入推广和蓬勃发展阶段，各国挖掘机制造厂和品种增加很快，产量猛增。1968-1970年间，液压挖掘机产量已占挖掘机总产量的83%，目前已接近100%。

◆ 铲土机械

铲土机械是指在机械行进中，利用刀形或斗形工作装置进行削土、铲土、运土、填土的土方机械。铲土机械有推土机、铲运机、单斗装载机等。推土机用于清除树根、推运土石料、平整场地等短距离作业；铲运机用于开挖河道、填筑土坝和土堤、平整场地和改良农田等土方工程，适合在没有树根、大石块和过多杂草的地区作业；单斗装载机用于土方和散粒物料

推土机

的铲、装、运、卸作业。其前端装有由动臂、连杆和铲斗等组成的工作装置，更换工作装置后，还能起重、装运长料等。为了保障司机的安全，尤其在斜坡上作业时，铲土运输机械应装有滚翻保护结构。

冲击式压实机械是指依靠机械的冲击力压实土壤。有利用二冲程内燃机原理工作的火力夯，利用离心力原理工作的蛙夯和利用连杆机构及弹簧工作的快速冲击夯等。其特点是夯实厚度较大，适用于狭小面积及基坑的夯实。振动式压实机械是指以机械激振力使材料颗粒在共振中重新排列而密实，如板式振动压实机。其特点是振动频率高，对粘结性低的松散土石，如砂土、碎石等压实效果较好。复合作用压实机械是指有碾压和振动作用的振动压路机，碾压和冲击作用的冲击式压路碾等。振动作用的振动式压路机，是指在压路机上加装激振器而成的压实机。

◆ **起重机械**

起重机械是吊运或顶举重物的物料搬运机械，是一种间歇工作、提升重物的机械。起重机械按结构不同可分为轻小型起重设备、升降机、起重机和架空单轨系统等几类。轻小型起重设备主要包括起重滑车、吊具、千斤顶、手动葫芦、电动葫芦和普通绞车，大多体积小、重量轻、使用方便。除电动葫芦和绞车外，绝大多数用人力驱动，适用于工作不繁重的场合。它们可以单独使用，有的也可作为起重机的起升机构。有些轻小型起重设备的起重能力很大，如液压千斤顶的起重量已达750吨。升降机主要作垂直或近于垂直的升降运动，具有固定的升降路线，包括电梯、升降台、矿井提升机和料斗升降机等。起重机是在一定范围内垂直提升并水平搬运重物的多动作起重机械。架空单轨系统具有刚

第五章　生产利器——机械产品

开始垂直或垂直兼有水平的工作行程，到达目的地后卸载，再空行程到取料地点，完成一个工作循环，然后再进行第二次吊运。一般来说，起重机械工作时，取料、运移和卸载是依次进行的，各相应机构的工作是间歇性的。起重机械主要用于搬运成件物品，配备抓斗后可搬运煤炭、矿石、粮食之类的散状物料，配备盛桶后可吊运钢水等液态物料。有些起重机械如电梯也可用来载人。在某些使用场合，起重设备还是主要的作业机械，例如在港口和车站装卸物料的起重机就是主要的作业机械。

◆ 压实机械

　　压实机械是指利用机械力使土壤、碎石等填层密实的土方机械，广泛用于地基、道路、飞机场、堤坝等工程。压实机械按工作原理分

性吊挂轨道所形成的线路，能把物料运输到厂房各部分，也可扩展到厂房的外部。

　　起重机由运行机构、变幅机构和回转机构、起升机构再加上金属机构，动力装置，操纵控制及必要的辅助装置组合而成，它是一种作循环、间歇运动的机械。多数起重机械在吊具取料之后即

不可或缺的人造生活——产

压实机械

为静力碾压式、冲击式、振动式和复合作用式等。其中，静力碾压式压实机械是指利用碾轮的重力作用，使被压层产生永久变形而密实。其碾轮分为光碾、槽碾、羊足碾和轮胎碾等。光碾压路机压实的表面平整光滑，使用最广，适用于各种路面、垫层、飞机场道面和广场等工程的压实。槽碾、羊足碾单位压力较大，压实层厚，适用于路基、堤坝的压实。轮胎式压路机轮胎气压可调节，可增减压重，单位压力可变，压实过程有揉搓作用，使压实层均匀密实，且不伤路面，适用于道路、广场等垫层的压实。

◆ 路面机械

路面机械用于修建公路、城市道路的路面和飞机场道面等的一种机械。分为土路面施工机械、碎石

第五章　生产利器——机械产品

路面施工机械、沥青混凝土路面施工机械和水泥混凝土路面铺筑机械四类。土路面施工机械主要是稳定土搅拌机械，翻松土壤，并掺入稳定剂搅拌均匀，制成稳定土，再经摊铺和压实，即成土路面（基）；碎石路面施工机械主要是碎石摊铺机，在路基上摊铺碎石，以修筑泥结或水结碎石路面；沥青混凝土路面施工机械有沥青储存、熔化和加热设备、沥青喷洒机、沥青混凝土搅拌设备、沥青混凝土摊铺机和石屑撒布机等；水泥混凝土路面铺筑机械有水泥混凝土路面铺筑机械、水泥混凝土路面整型机等。

柳工压路机

◆ 冶金机械

冶金机械又称冶金设备，是指在冶金工业的的冶炼、铸锭、轧制、搬运和包装过程中使用的各种机械和设备。18世纪末，英国的科特首创水力驱动的二辊轧机。1779

年，皮卡德用蒸汽机驱动轧机，使轧机得到广泛应用。1856年，英国的贝塞麦发明贝塞麦转炉炼钢。1856~1864年，英国的西门子和法国的.马丁发明平炉炼钢。1861年，英国出现棒材和线材的连轧机组。1885年，德国发明斜辊无缝钢管轧机。1891年，美国钢铁公司创建四辊厚板轧机。1899年，法国的埃鲁用电炉炼钢。20世纪初，美国的泰勒斯发明带钢热连轧机组，同期美国又出现宽带冷轧机。1952年，第一座工业生产用的氧气顶吹转炉在奥地利的林茨厂投产。此后，各种轧延机械和冶炼机械得到迅速发展。

冶金过程工艺复杂，相应的冶金机械的特点是结构庞大、能耗大、生产连续化、设备成套性强。冶金机械大多在高温、多尘、重载和有腐蚀的条件下持续工作，须满足高效、可靠、完全、耐用和节能等要求。冶金机械种类繁多，按用途可分为生产钢铁、钢材的黑色金属冶金机械和生产非铁金属的有色金属冶金机械。

另外，冶金机械根据功能分为：一是冶炼机械。包括火法冶金机械和湿法冶金机械。前者有高炉、平炉、转炉、电弧炉、电子束熔炼炉、等离子熔炼炉、电解溶炼槽、炉外精炼设备、铸锭设备、冶金车辆、沸腾焙烧炉、回转窑、鼓风炉、反射炉、闪速炉、旋涡炉等及其配套机械；后者有萃取器、电解设备、高压釜、过滤机、离心分离机等。二是加工机械。包括轧延机械、挤压机械、拉拔机械和拉丝制绳机械。轧延机械包括开坯机、型材轧机、轨梁轧机、线材轧机、板材轧机、带材轧机、箔带轧机、无缝管轧机、铜板轧机等。三是辅助设备。包括耐火材料机械、炼焦机械、起重运输机械、烧结设备、热处理设备和各种加热炉等。在冶金工业中专用性较强的是冶炼机械

第五章 生产利器——机械产品

和轧延机械,这些成套设备中主机的型式、基本参数和尺寸,标志着冶金工厂的产品特征和生产方式。

知识百花园

工程机械

工程机械,也称建筑机械。土木工程施工所用各种机械和设备的总称。在工程建筑中是完成起重、运输、装卸作业,土石方、桩工、钢筋混凝土等工程施工的主要机械化施工手段。人类采用起重工具代替体力劳动已有悠久历史。公元前1600年左右,中国已使用桔槔和辘轳。前者为一起重杠杆,后者是手摇绞车的雏形。近代工程机械的发展,始于蒸汽机发明之后。19世纪初,欧洲出现了蒸汽机驱动的挖掘机、压路机、起重机等。此后由于内燃机和电机的发明,工程机械得到较快的发展。第二次世界大战后,发展更为迅速。其品种、数量和质量直接影响一个国家生产建设的发展,故各国都给予很大重视。工程机械通常分为起重机械、运输机械、土方机械、桩工机械、石料开采加工机械、钢筋混凝土机械和设备、装修机械、路面机械、线路机械、隧道施工机械、桥梁施工机械等。工程机械广泛用于房屋建筑、铁路、道路和飞机场工程、水利电力建设、矿山开发、港口工程和军事工程。

电工机械产品

电工机械包括发电机、电动机、电线电缆、变压器。下面我们分别加以简单扼要的介绍：

◆ 发电机

发电机是将机械能转变成电能的电机，由汽轮机、水轮机或内燃机驱动。小型发电机也有用风车或其他机械经齿轮或皮带驱动的。电能是现代社会最主要的能源之一。发电机是将其他形式的能源转换成电能的机械设备，由水轮机、汽轮

发电机

第五章　生产利器——机械产品

机、柴油机或其他动力机械驱动，将水流、气流、燃料燃烧或原子核裂变产生的能量转化为机械能传给发电机，再由发电机转换为电能。

◆ **电动机**

电动机是一种旋转式机器，将电能转变为机械能。电动机主要包括一个用以产生磁场的电磁铁绕组或分布的定子绕组和一个旋转电枢或转子，其导线中有电流通过并受磁场的作用而转动。通常电动机的作功部分作旋转运动，这种电动机称为转子电动机；也有作直线运动的，称为直线电动机。电动机能提供的功率范围很大，从毫瓦级到万千瓦级。电动机具有自起动、加速、制动、反转、掣住等能力，能满足各种运行要求。电动机在工农业生产、交通运输、国防、商业及家用电器、医疗电器设备等方面广泛应用。

电动机

不可或缺的人造生活——产

◆ 电线电缆

广义的电线电缆简称为电缆，狭义的电缆是指绝缘电缆。电线电缆是指一根或多根绝缘线芯，以及它们各自可能具有的包覆层、总保护层及外护层所构成。电缆亦可有附加的没有绝缘的导体。电线电缆的基本结构有：一是导体，即传导电流的物体，电线电缆的规格都以导体的截面表示；二是绝缘体，是将绝缘材料按其耐受电压程度的要求，以不同的厚度包覆在导体外面而成；三是保护层，即保护电缆的部分。

◆ 变压器

1831年，英国物理学家法拉第最早进行变压器实验。1888年，美国特斯拉取得多相感应电动机的专利后，将变压器应用于电力传输系统中。1892年，英国弗莱明撰写了第一本关于变压器的专著，1904年又发明了真空二极管，对整流变压器在电子电路中的应用起到促进作用。20年代，无线电广播事业兴起，小型电源变压器和音频变压器广泛应用于各类收音机中。脉冲变压器的应用与30年代后雷达与电视的发展密切相关。变压器按冷却方式分为干式（自冷）变压器、油浸（自冷）变压器、氟化物（蒸发冷却）变压器；按防潮方式分为开放式变压器、灌封式变压器、密封式变压器；按铁芯或线圈结构分为芯式变压器（插片铁芯、C型铁芯、铁氧体铁芯）、壳式变压器（插片铁芯、C型铁芯、铁氧体铁芯）、环型变压器、金属箔变压器；按电源相数分为单相变压器、三相变压器、多相变压器；按用途分为电源变压器、调压变压器、音频变压器、中频变压器、高频变压器、脉冲变压器；按用途分为电源变压器、调压变压器、音频变压器、中频变压器、高频变压器、脉冲变压器。

第五章 生产利器——机械产品

锻压机械产品

锻压机械是指在锻压加工中用于成形和分离的机械设备。人们为了制造工具，最初是用人力、畜力转动轮子来举起重锤锻打工件的，这是最古老的锻压机械。14世纪出现了水力落锤。15～16世纪航海业蓬勃发展，为了锻造铁锚等，出现了水力驱动的杠杆锤。18世纪出现了蒸汽机和火车，因而需要更大的锻件。1842年，英国工程师内史密斯创制第一台蒸汽锤，开始了蒸汽动力锻压机械的时代。1795年，英国布拉默发明水压机，直到19世纪中叶才应用于锻造。

随着电动机的发明，19世纪末出现了以电为动力的机械压力机和空气锤，并获得迅速发展。第二次世界大战以来，模锻水压机、对击锤、板料冲压压力机、热模锻压力机等重型锻压机械，以及一些自动冷镦机相继问世，形成了门类齐全的锻压机械体系。20世纪60年代后，锻压机械改变了从19世纪开始的，向重型和大型方向发展的趋势，转而向高速、高效、自动、精密、专用、多品种生产等方向发展。于是出现了高速压力机、三坐标多工位压力机、精密冲裁压力机，以及能冷镦直径为48毫米钢材的多工位自动冷镦机和多种自动机、自动生产线等。与此同时，各种机械控制的、数字控制的和计算机控制的自动锻压机械以及与之配套的操作机、机械手和工业机器人也相继研制成功。现代

不可或缺的人造生活——产

蒸汽锤

化的锻压机械可生产精确制品，环境污染很小。

总的来说，锻压机械包括成形用的锻锤、机械压力机、液压机、螺旋压力机、平锻机，以及开卷机、矫正机、剪切机、锻造操作机等辅助机械。锻压机械主要用于金属成形，所以又称为金属成形机床。锻压机械是通过对金属施加压力使之成形的，力大是其基本特点，故多为重型设备，设备上多设有安全防护装置，以保障设备和人身安全。

第五章　生产利器——机械产品

造纸机械产品

纸是中国古代四大发明之一。早在公元105年，东汉蔡伦采用树皮、麻头、破布、旧鱼网等为原料造纸，促进了造纸术的大发展。造纸术后来传入欧洲。造纸机械是用于纸张制造和加工的机械，包括原料准备、制浆、造纸，直到制成卷筒或平张成品，以及加工纸和纸板所用的机械。18世纪初出现荷兰式打浆机。1798年法国罗贝特取得手摇无端网造纸机的专利，1803年英国唐金改进制成能连续形成纸张的长网造纸机，于1805年造出纸张。1809年英国迪金森制成圆网造纸机。在纸浆制造方面，1839年德国皮特开始用蒸煮锅制浆。1843年德国克勒尔发明剥离木材纤维的磨木法制浆。1851年英国伯格斯、1853年英国瓦特发明烧碱法木材制浆。1866年美国蒂尔曼发明亚硫酸盐木材制浆技术。1884年德国达尔发明硫酸盐木材制浆技术。这些发明开辟了以木材为造纸主要原料的道路。20世纪初，造纸机械已成为大型高产的产业机械。随着新技术的应用，造纸机械有了长足发展。

按制浆造纸的工艺流程，造纸机械分为三类：一是备料制浆设备，其中备料设备是造纸原料在蒸煮或磨浆前按工艺要求进行处理和加工的设备，分为非木材纤维备料设备（如切草机、切苇机、甘蔗除髓机）和木材纤维备料设备（如剥皮机、削片机）。二是造纸机，即使纸浆形成纸幅的分部联动的全套设备，包括流浆箱（把浆料均匀稳

239

不可或缺的人造生活——产

汉代造纸流程图

定地送到网上）、网部（从流浆箱喷射到铜网上的浆料在网部上形成湿纸页并进行脱水）、压榨部（挤出由网部出来的湿纸页水分，改善纸页表面性质，消除网痕并增加平滑度、紧度和强度）、烘干部（使经压榨后的湿纸页进一步脱水，使纸页收缩，纤维结合紧密和增加强度）、压光机（提高纸页的平滑度、光泽度和紧度，使全幅纸页厚度一致，并减少透气度）、卷纸机，以及传动部等主机和汽、水、真空、润滑、热回收等辅助系统。其中形成湿纸幅的网部是造纸机的核心，根据网部的结构，造纸机又可分为长网造纸机、夹网造纸机和圆网造纸机。三是整饰加工机械，包括超级压光机、复卷机、切纸机和涂布机等。

在上述三类造纸机械中，值得一提的是制浆设备。制浆设备是将植物原料分离成纤维过程所用的设备。制浆方法有化学法、机械法和化学机械法。相应制浆设备包括蒸煮器（将原料中的木素溶于蒸煮液，使造纸原料分离为纤维）、磨木机（将纤维原料磨解成为纸浆）、热磨机（木材切片经蒸汽预热再在高压状态磨解成为浆料）、洗浆机（将蒸煮后的纸浆与黑液分离）、漂浆机(除去浆料中残留的木质素和色素，使纸浆具有洁白色泽)、打浆机（使纸浆均匀化）、废液回收设备（从残液中回收烧碱、能量并可减少环境污染）等。

包装机械产品

包装机械是指能完成全部或部分产品和商品包装过程的机械。包装机械是随着新包装材料的出现，和包装技术的不断革新而发展的。中国发明的造纸技术，在历史上为纸包装的产生提供了条件。二十世纪60年代以来，新材料逐渐代替传统的包装材料，特别是采用塑料包装材料后，包装机械发生重大变革。超级市场的兴起，对商品的包装提出了更新的要求。为保证商品输送快捷安全，集装箱应运而生，

不可或缺的人造生活——产

集装箱体尺寸也逐渐实现了标准化和系列化,从而促使包装机械进一步完善和发展。

包装机械运用于国民经济各个领域,主要有包装机、装箱机、输送机。下面我们就来加以介绍:

分:一是流水线式整体生产包装,比如应用于食品、医药、化工等行业的灌装、封口机、打码,包括液体(膏体)灌装机、枕式包装机、粉剂颗粒包装机等。二是产品外围包装设备,用于产品生产出来后喷打生产日期、封口、缩膜,包括灌装机、封口机、喷码机、打包机、真空机、收缩机、真空包装机等。包装机的特点有:用途广泛,食品、

◆ 包装机

包装机是一个产品生产和外包的机器的统称。主要包括两个部

枕式包装机

第五章 生产利器——机械产品

化工、医药、轻业都在使用；使用方便，一次完成拉袋、制袋、充料、打码、计数、计量、封口、送出产品等多道工序；效率高，具有干净、卫生、省料、省袋、省费环保的功能。

◆ 装箱机

装箱机分为装箱机、装盒机，主要用于完成运输包装，将包装成品按一定排列方式和定量装入箱中，并把箱的开口部分闭合或封固。装盒机是用于产品销售包装的机械，它将经过计量的一份定量物料装入盒中，并把盒的开口部分闭合或封固。装箱机和装盒机均有容器成形、计量、装入、封口等功能。在自动包装流水线中，装箱机是整线系统运行的核心，是实现生产自动化所必需的。总的来说，装箱机用于完成运输包装。

◆ 输送机

输送机，又称连续输送机。中国古代的高转筒车和提水的翻车，是现代斗式提升机和刮板输送机的雏形。17世纪开始应用架空索道输送散状物料。19世纪中叶，各种现代结构的输送机相继出现。1868年，英国出现了带式输送机。1887年，美国出现了螺旋输送机。1905年，瑞士出现了钢带式输送机。1906年，英国和德国出现了惯性输送机。此后，输送机受到机械制造、电机、化工和冶金工业技术进步的影响，不断完善，成为物料搬运系统机械化和自动化不可缺少的组成部分。输送机可单台输送，也可多台组成或与其他输送设备组成输送系统。输送机分为板链输送机、倍速链输送机、辊筒输送机、插件线、搁板线、烘道线、

243

不可或缺的人造生活——产

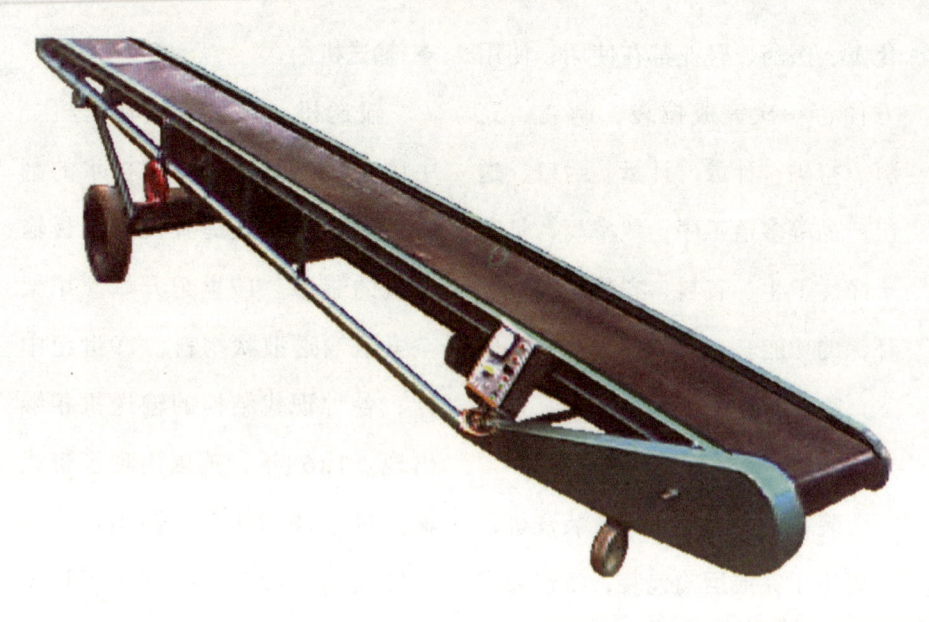

升降式输送机

皮带输送机。总之，输送机是在一定的线路上连续输送物料的物料搬运机械，可进行水平、倾斜、垂直输送，也可组成空间输送线路。输送机输送能力大，运距长，应用广泛。

第五章　生产利器——机械产品

基础机械产品

基础机械主要有轴承、紧固件、模具。下面我们就分别加以介绍一番。

◆ 轴　承

轴承为机械中的固定机件。当其他机件在轴上彼此产生相对运动时，用来保持轴的中心位置及控制该运动的机件，就为轴承。中国古籍中，关于车轴轴承的构造早有记载。1279年，郭守敬创造的天文简仪，其作用与现代推力滚子轴承相似。1772年，英国的.瓦洛设计制造球轴承，并装在邮车上试用。

郭守敬创造的天文简仪

不可或缺的人造生活——产品

1794年，英国沃思取得球轴承专利。19世纪中叶，欧洲随着轴承材料、润滑剂和机械制造工艺方面的进步，开始有了比较完善的滑动轴承。1881年，德国的赫兹发表关于球轴承接触应力的论文。后来德国的施特里贝克、瑞典的帕姆格伦等人对发展滚动轴承作出了贡献。1883年，俄国的彼得罗夫应用牛顿粘性定律计算轴承摩擦，同年英国的托尔测出油膜压力分布曲线。1886年，英国的雷诺对托尔的发现进行了数学分析，导出了雷诺方程，从此奠定了流体动压润滑理论的基础。20世纪60年代后，弹性流体动压润滑理论逐渐成熟，使得滚动轴承使寿命大为增加。

◆ 紧固件

紧固件是将两个或两个以上零件（或构件）紧固连接成为一件整体时所采用的一类机械零件的总称，是作紧固连接用的一类机械零件。在各种机械、设备、车辆、船舶、铁路、桥梁、建筑、结构、工具、仪器、仪表和用品等上面，都可以看到各式各样的紧固件。紧固件的特点是品种规格繁多，性能用途各异，而且标准化、系列化、通用化的种度极高。紧固件主要包括螺栓、螺柱、螺钉、螺母、垫圈、销。

◆ 模具

模具是工业生产上用以注塑、吹塑、挤出、压铸或锻压成型、冶炼、冲压、拉伸等方法得到所需产品的各种模子和工具。模具按所成型的材料不同，分为金属模具、非金属模具。金属模具又分为铸造模具（有色金属压铸、钢铁铸造）、锻造模具。非金属模具分为塑料模具、无机非金属模具。模具按模具本身材料的不同分为砂型模具、金属模具、真空模具、石蜡模具等。其中，塑料模具分为注射成型模具、挤塑成型模具、气辅成型模具等。

环保机械产品

环保机械主要有环保车辆、袋式除尘器、过滤机。其中,袋式除尘器是使含尘空气通过过滤箱(袋)而分离,捕集粉尘的装置。过滤机是利用多孔性过滤介质,截留液体与固体颗粒混合物中的固体颗粒,而实现固、液分离的设备。过滤机广泛应用于化工、石油、制药、轻工、食品、选矿、煤炭、水处理等部门。我国古代即已应用过滤技术于生产,公元前200年已有植物纤维制作的纸。公元105年蔡伦改进了造纸法。他在造纸过程中将植物纤维纸浆荡于致密的细竹帘上。水经竹帘缝隙滤过,一薄层湿纸浆留于竹帘面上,干后即成纸张。最早的过滤大多为重力过滤,后来采用加压过滤提高了过滤速度,进而又出现了真空过滤。20世纪初发明的转鼓真空过滤机,实现了过滤操作的连续化。此后,各种类型的连续过滤机相继出现。其中间歇操作的过

转鼓真空过滤机

不可或缺的人造生活——产 DDD

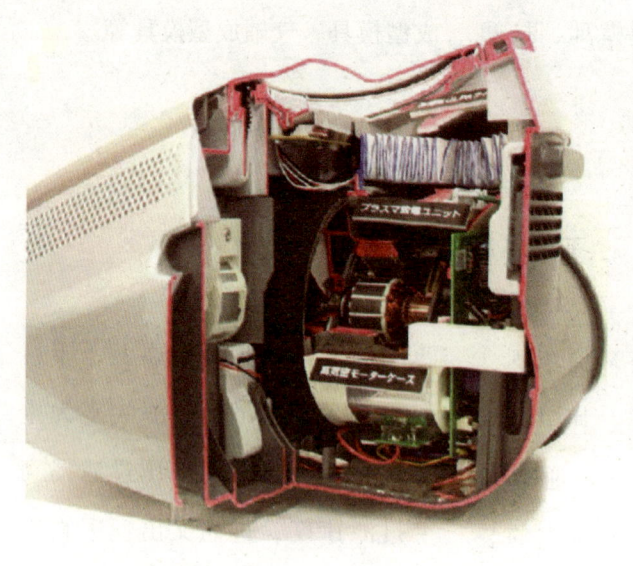

袋式除尘器

发展的新型过滤设备主要有：机械力压榨过滤设备，如带式压榨过滤机和设有弹性压榨隔膜的压榨机；能实现无滤渣层过滤的动态过滤机；洗选煤炭、污水处理、化工和石油工业用的大型过滤设备。

滤机因能实现自动化操作而得到发展，过滤面积越来越大。正在

谈谈仪器仪表

仪器仪表常用的产品有自动化仪表、气体成分自动分析仪。其中，自动化仪表是由若干自动化元件构成的，具有较完善功能的自动化技术工具。自动化仪表一般同时具有数种功能，如测量、显示、记录或测量、控制、报警等，本身是一个系统，又是整个自动化系统中的一个子系统。总的来说，自动化仪表是一种"信息机器"，主要功能是信息形式的转换，即将输入信号转换成输出信号。自动化仪表所

第五章　生产利器——机械产品

处理的信号可以按时间域或频率域表达，信号的传输则可调制成连续的模拟量或断续的数字量形式。

仪器仪表中的自动化仪表分类方法很多，根据不同原则可以进行相应的分类。如按仪表所使用的能源分类，可分为气动仪表、电动仪表和液动仪表；按仪表组合形式，可分为基地式仪表、单元组合仪表和综合控制装置；按仪表安装形式，可分为现场仪表、盘装仪表和架装仪表。如今，随着微处理机的发展，根据仪表有否引入微处理机（器），自动化仪表又可分为智能仪表与非智能仪表；而根据仪表信号的形式，则又可分为模拟仪表、数字仪表。

仪器仪表中的气体成分自动分析仪，是一种能连续自动分析成分的仪器。气体成分自动分析仪的工作原理是——应用物理或物理化学的原理对气体成分进行检测，配以计算机数据处理和显示，对工艺过程进行控制。目前工业上使用的气

工业自动化仪表

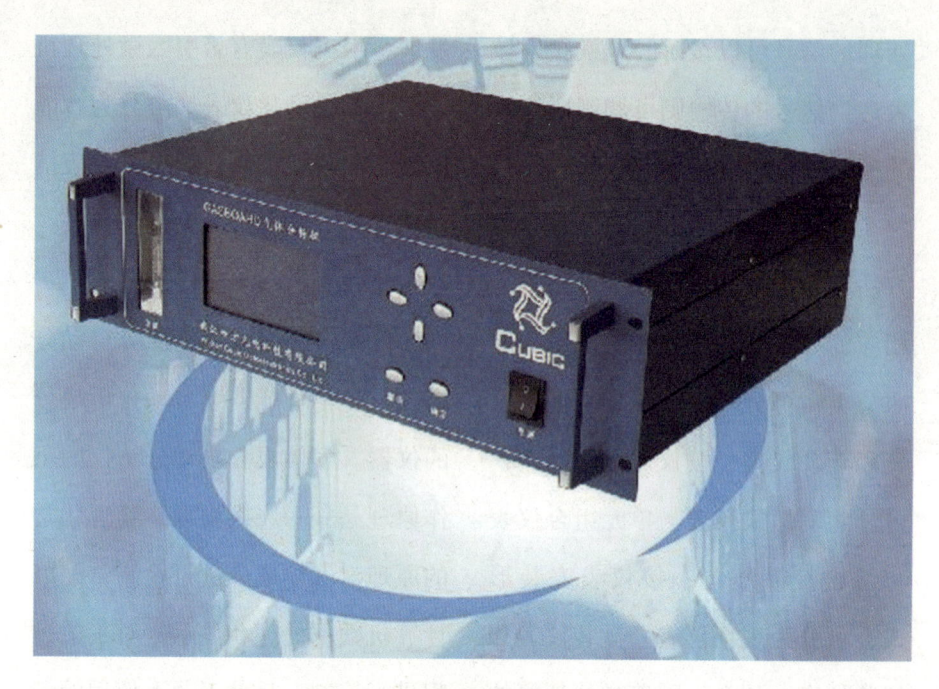

热导式气体分析仪

体成分自动分析仪主要有红外气体　分析仪、气相色谱分析仪。
分析仪、热导式气体分析仪、磁氧